... **Títulos relacionados**

## SSCM0108 LIMPIEZA DE SUPERFICIES Y MOBILIARIO EN EDIFICIOS Y LOCALES

### [DISPONIBLE CERTIFICADO COMPLETO]

Solicítalos en:
- Librería
- www.paraninfo.es
- Solicitudes nacionales +34 914 463 350
- Solicitudes fuera de España +34 913 308 907, +34 913 308 919

# Limpieza de mobiliario interior
## MF0996_1

Laura Martell Siles

© 2025 Ediciones Paraninfo, S. A.
© 2025 Autora: Laura Martell Siles

**Maquetación:** Diseño & Control Gráfico

**Impresión:** Liberdigital (Casarrubuelos, Madrid)
**ISBN:** 978-84-283-7252-7
**Depósito legal:** M-11724-2025

Impreso en España

**Laura Martell Siles** comienza a trabajar en el sector de los recursos humanos desde muy joven, aunque su verdadera vocación siempre había sido dedicarse a ayudar a los demás. Por este motivo realiza la diplomatura en Trabajo Social, obteniendo el premio extraordinario de fin de carrera de su promoción. Al poco tiempo, comienza a desempeñar su labor como trabajadora social en una conocida entidad de acción social, mientras que continúa formándose como mediadora familiar, otra de sus grandes pasiones. En la actualidad, compagina su trabajo de mediadora con la redacción de manuales para cursos de certificados de profesionalidad.

# Índice

# Introducción normativa

La Ley Orgánica 3/2022, de 31 de marzo, de ordenación e integración de la Formación Profesional, contiene una disposición derogatoria única que afecta a la regulación de los certificados de profesionalidad, ahora denominados **Certificados Profesionales.** La referida normativa deroga la Ley Orgánica 5/2002, de 19 de junio, de las Cualificaciones y de la Formación Profesional, y abre un escenario de cambios que se irá implementando progresivamente.

La Ley Orgánica 3/2022, de 31 de marzo, de ordenación e integración de la Formación Profesional implica que toda la formación es acumulable. La oferta formativa se estructura de forma escalonada, siendo los Certificados Profesionales un nivel intermedio (Grado C) de una escala que va desde el Grado A hasta el E.

En los artículos 35 a 38 de la Ley 3/2022 se describe en qué consisten estos Certificados Profesionales: su oferta, formación asociada, estructura, duración, acceso, titulación y validez. Posteriormente, esta normativa se completa con lo dispuesto en el Real Decreto 659/2023, de 18 de julio, que desarrolla la ordenación del sistema de Formación Profesional. Concretamente en los artículos 67 a 81 es donde se hace referencia a la oferta formativa de Grado C, correspondiente a los Certificados Profesionales.

Están agrupados en 26 familias profesionales con características comunes del sector. En la actualidad hay más de medio millar de Certificados Profesionales incluidos en el Repertorio Nacional. Esta cifra no deja de crecer. Además, cada certificado está específicamente regulado por un real decreto.

Un Certificado Profesional corresponde al Grado C de la oferta del Sistema de Formación Profesional. Es un documento oficial, con validez en todo el territorio nacional y debe constar en el Catálogo Nacional de Ofertas de Formación Profesional, que certifica la capacitación para el desarrollo de una actividad profesional.

Debe detallar los módulos profesionales superados y los estándares de competencia profesional asociados a él e incluidos en el **Catálogo Nacional de Estándares de Competencias Profesionales**, así como su correspondencia con el Marco Español de Cualificaciones.

Despliegan su validez en un doble ámbito, laboral y académico:

- En el contexto laboral tienen validez profesional, porque acreditan las competencias en una determinada profesión. Para poder trabajar en algunas profesiones, se exigen determinadas cualificaciones, y los certificados sirven para acreditarlas.

- Asimismo, tienen validez académica, puesto que permiten continuar un itinerario formativo siempre que se cumplan los requisitos de acceso para cursar la titulación deseada. De tal modo que, los Certificados Profesionales que sean parte de un Grado D permitirán la matrícula modular para completar los módulos establecidos en el currículo y obtener el correspondiente título de técnico básico, técnico o técnico superior con validez en todo el territorio nacional.

Para obtener un Certificado Profesional (Grado C) es preciso cumplir con los requisitos de acceso para realizar la formación.

## Estructura de los Certificados Profesionales

I. Identificación: denominación, familia y área profesional a la que pertenecen; nivel de cualificación profesional (1, 2 o 3); cualificación profesional de referencia; entorno profesional y módulos formativos que esté previsto cursar junto con la duración de cada uno de ellos.

II. Perfil profesional: incluye las competencias profesionales requeridas en el mercado laboral. En todas ellas se concretan las realizaciones profesionales y los criterios de realización.

III. Formación: describe los módulos formativos que esté previsto cursar para adquirir las competencias requeridas. En cada uno de ellos se indican las capacidades que se pretenden alcanzar y la duración del módulo de prácticas no laborales —PNL—, para el que cabe solicitar exención si se cumplen determinados requisitos.

IV. Prescripciones de las personas formadoras.

V. Requisitos mínimos de espacios, instalaciones y equipamiento.

Los Certificados Profesionales se identifican con una denominación concreta y un código alfanumérico propio, y sirven para acreditar una determinada cualificación profesional. Cada certificado está asociado a una relación de unidades de competencia que, a su vez, se vinculan con una serie de módulos formativos específicos. Algunos módulos están integrados por unidades formativas y tanto unos como otras son, en ocasiones, transversales, lo que significa que se trata de contenidos incluidos en más de un Certificado Profesional.

Los Certificados Profesionales se articulan en tres niveles de competencia profesional (1, 2 y 3) conforme a lo dispuesto en el que será el Catálogo Nacional de Estándares de Competencias Profesionales, anteriormente Catálogo Nacional de Cualificaciones Profesionales (CNCP), según los criterios establecidos de conocimientos, iniciativa, autonomía y complejidad de las tareas, en cada una de las ofertas de Formación Profesional.

La oferta formativa dirigida a la obtención de los Certificados Profesionales tiene carácter modular para favorecer la acreditación parcial acumulable de la formación recibida y posibilitar así el avance en el itinerario de Formación Profesional para cualquiera que sea la situación laboral de cada persona en cada momento.

En definitiva, el Grado C constituye la oferta, parcial y acumulable, del sistema de Formación Profesional, de varios módulos profesionales del catálogo modular de Formación Profesional por razón de su significado en el mercado laboral y conducente a la obtención de un Certificado Profesional.

Las ofertas de Grado C de Formación Profesional tendrán por objeto módulos profesionales incluidos previamente en el catálogo modular de formación profesional y asociados al Catálogo Nacional de Estándares de Competencias Profesionales.

## Finalidad de los Certificados Profesionales

- Contribuir a la ordenación de un Sistema de Formación Profesional al servicio de un régimen de formación y acompañamiento profesionales que sea capaz de responder con flexibilidad a los intereses, expectativas y aspiraciones de cualificación profesional de las personas a lo largo de su vida.

- Combinar escuela y empresa situando a la persona en el centro del sistema.

- Facilitar el aprendizaje permanente de toda la ciudadanía mediante una formación abierta, flexible y accesible, estructurada de forma modular, a través de la oferta formativa asociada al certificado.

- Acreditar las cualificaciones profesionales o las unidades de competencia recogidas en estas, independientemente de su vía de adquisición, bien sea través de la vía formativa, o mediante la experiencia laboral o vías no formales de formación.

- Favorecer, tanto en el ámbito nacional como europeo, la transparencia del mercado de trabajo.

- Contribuir a la calidad de la oferta de Formación Profesional.

# Este libro

El presente libro desarrolla el módulo formativo denominado «Limpieza del mobiliario interior», MF0996_1.

Dicho módulo formativo está asociado a la Unidad de Competencia UC0996_1, perteneciente a la Cualificación Profesional de referencia SSC319_1, de nivel 1, incluida en el Certificado Pofesional denominado «Limpieza de superficies y mobiliario en edificios y locales», dentro de la familia profesional Servicios al consumidor.

Según el Real Decreto 1378/2009, de 28 de agosto, los contenidos que en esta obra se recogen se corresponden con una duración de 30 horas.

Tanto la estructura como el desarrollo del libro se ajustan al citado real decreto y más concretamente a los contenidos del módulo formativo que le da título «Limpieza del mobiliario interior», MF0996_1.

# Contenido

1. **Aplicación de productos de limpieza de mobiliario**
   - Tipos de mobiliario y su composición.
   - Identificación de los diferentes productos de limpieza.
     - Limpiadores.
     - Abrillantadores.
     - Productos específicos: limpiacristales, limpiametales, limpiamuebles, ambientadores.
   - Utilización de productos de limpieza y desinfección de mobiliario.
     - Dosificación y tipo de dosificadores.
     - Riesgos derivados de una mala utilización.
     - Conducta que hay que seguir ante casos de toxicidad.
   - Interpretación y lectura del etiquetaje de los productos.

2. **Técnicas de limpieza de mobiliario**
   - Secuenciación de actividades.
   - Acondicionamiento de los espacios de trabajo:

- Actuación sobre el entorno.
- Desarrollar las tareas de limpieza de mobiliario con personas presentes o en tránsito.

- Cumplimentar hoja de registro de tareas.
- Selección e identificación de los diferentes útiles de limpieza de mobiliario.
- Uso y aplicación de dichos útiles.
- Aspiradoras y otros electrodomésticos para la limpieza de componentes textiles.
- Procesos de conservación de los útiles de limpieza.

## 3. Técnicas de limpieza y desinfección de aseos

- Aparatos sanitarios y complementos de un aseo.
- Técnicas de desinfección de inodoros, baños, duchas y bidés.
- Limpieza de azulejos, espejos y otros materiales.
- Material consumible: identificación y reposición.
- Productos específicos en las tareas de limpieza de un aseo.
- Técnicas de verificación del trabajo realizado.

## 4. Procesos de gestión y tratamiento de residuos en la limpieza de mobiliario

- Tipos de residuos generados.
- Tratamiento de los residuos.
- Separación y manipulación de residuos.
- Transporte de residuos.
- Aplicar las normas mínimas de seguridad en el tratamiento de residuos.
- Normas que hay que seguir ante casos de toxicidad.

## 5. Aplicación y seguimiento de medidas de prevención de riesgos laborales en la limpieza de mobiliario

- Identificación de los riesgos específicos relacionados con la limpieza.
- Riesgos relacionados con la ubicación de la actividad de limpieza.
- Uso de los equipos previa identificación de los mismos.

## ■ Nota del Editor

En Ediciones Paraninfo estamos comprometidos con la calidad de la formación e intentamos que nuestros materiales respondan fielmente y con rigor a las necesidades de todos cuantos confían en nuestro sello editorial.

Tratamos de dar respuesta a los currículos de las unidades formativas y de los módulos que integran los distintos Certificados Profesionales, equilibrando la parte teórica con la práctica para que los procesos de aprendizaje se conviertan en experiencias gratificantes, tanto para docentes como para las personas inmersas en los procesos formativos.

Nuestros objetivos son contribuir de forma decisiva a afianzar aprendizajes, ayudar a adquirir destrezas que tengan significado para el empleo y conseguir potenciar el desarrollo personal.

Para lograrlo contamos con excelentes autores, expertos en las materias que abordan, en la mayoría de los casos docentes de dichas especialidades con dilatada experiencia tanto profesional como académica, porque buscamos perfiles familiarizados con los contextos laborales concretos a los que se refieren nuestros manuales.

Confiamos en poder serte de ayuda y esperamos tus impresiones acerca de nuestro trabajo. Sean positivas o negativas, serán muy bien recibidas y, sin duda, nos ayudarán a seguir mejorando y trabajando con ilusión para continuar siendo un referente en formación para el empleo.

Agradecemos tu confianza en nuestros manuales. Todo nuestro equipo queda a tu total disposición. Puedes contactar con nosotros en esta dirección de correo electrónico:

info@paraninfo.es

# 1. Aplicación de productos de limpieza de mobiliario

## Contenido

## En este capítulo vamos a aprender a:

- Adquirir los conocimientos que se necesitan para desarrollar de forma correcta la limpieza del mobiliario de interiores.

- Conocer las distintas clases de mobiliario.

- Reconocer y diferenciar los productos más idóneos para utilizar en función del tipo de mobiliario.

- Evitar los riesgos derivados del uso de productos de limpieza, interpretando el etiquetado.

A lo largo de este capítulo profundizaremos en los conocimientos necesarios para realizar una correcta limpieza del mobiliario, utilizando los productos más recomendados en función del tipo al que nos refiramos.

También trataremos un tema tan importante como es conocer la forma más idónea de utilizar estos productos, sabiendo que muchos de ellos pueden llegar a ser tóxicos, y cómo evitar que su uso pueda dañar nuestra salud.

Para comenzar, resulta necesario explicar a qué nos referimos cuando hablamos de mobiliario. El mobiliario es el conjunto de muebles contenidos en un inmueble. Sirve para facilitar los usos de la casa, la oficina o el local en el que se encuentre y contribuye a la buena marcha de la actividad que allí tenga lugar: por ejemplo, en una vivienda, la cama facilita el descanso de las personas.

## 1.1. Tipos de mobiliario y su composición

Todos los inmuebles que sean objeto de un trabajo de limpieza estarán dotados de un mobiliario cuya presencia hará más ardua nuestra tarea. Por ello, en este apartado vamos a intentar explicar cuál es el mobiliario más común que podemos encontrar en los lugares donde desempeñemos nuestro trabajo:

| | |
|---|---|
| MESAS DE OFICINA | En la mayoría de los casos están fabricadas de madera o aglomerado. Suelen tener distintos elementos sobre ellas que deben ser retirados en su totalidad para una correcta higiene de la superficie. |
| ARMARIOS DE OFICINA | Donde se pueden guardar documentos, material de oficina, etc. En la mayoría de los casos suelen ser de madera o aglomerado y pueden acumular gran cantidad de polvo. Hay que ser muy cuidadoso en la limpieza interior de los mismos, ya que es posible que guarden documentos protegidos por la ley de protección de datos y no sea conveniente que se manipulen por personas no autorizadas. |
| ESTANTERÍAS | Donde colocar libros y similares. Deben ser despejadas totalmente cada cierto tiempo para eliminar todo el polvo que se pueda acumular. Pueden ser tanto de madera o aglomerado como metálicas. |
| SILLAS Y SILLONES | Pueden ser los utilizados para el trabajo diario de las personas que allí desempeñen su labor, o por quien esté en las salas de espera. Las sillas de los despachos suelen tener un acabado textil o de piel natural o artificial, lo que nos hará diferenciar el tipo de producto que utilizar. Las situadas en las salas de espera podrán ser igualmente textiles, de piel natural o artificial, aunque una de las más comunes son las de plástico, material muy fácil de limpiar y de gran resistencia. |
| EXPOSITORES | Se utilizan para mostrar a los posibles clientes los artículos a la venta. Pueden tener una parte de madera, aglomerado o metálica y una zona acristalada que permita ver el interior de la misma. El inconveniente que presenta este tipo de mobiliario es la suciedad del cristal. |

| | |
|---|---|
| MOQUETAS | Las moquetas se suelen utilizar a menudo como revestimiento de suelos. Acumulan mucho polvo y se pueden manchar, con la dificultad que conlleva eliminar manchas en superficies textiles. |
| TARIMAS | Las tarimas son zonas que se elevan sobre el resto de las salas y que se suelen utilizar en dependencias donde se dan charlas o mítines, para que la persona que las imparta esté en una situación más elevada sobre el resto. Pueden ser de parqué o similar. |
| TAQUILLAS | Son utilizadas para guardar los efectos personales del personal que desempeña su labor en el lugar objeto de limpieza. En la mayoría de los casos son metálicas. |
| EQUIPOS INFORMÁTICOS, FOTOCOPIADORAS, IMPRESORAS, SERVIDORES, ETC. | Hay que extremar las precauciones en la limpieza de los equipos informáticos, fotocopiadoras, impresoras, servidores, tabletas, etc., ya que son elementos muy delicados. Se limpiarán siempre cuando estén apagados, siempre que sea posible, o evitando accionar ninguna tecla o botón, en el caso que estén encendidos. |
| EQUIPOS ACONDICIONADORES DE TEMPERATURA | Aparte de necesitar la limpieza exterior para eliminar la acumulación de polvo, se debe facilitar el mantenimiento de los aparatos, ya que aumenta la vida útil de los mismos y la eficacia. |
| ELEMENTOS PARA LA ILUMINACIÓN | Nos referimos a lámparas, flexos, etc. Deben ser limpiados asiduamente para evitar que el polvo provoque un deterioro de la lámpara y una reducción en la iluminación. Se deben limpiar siempre desenchufados. |
| MAQUINARIA | Podemos encontrar distinta maquinaria como, por ejemplo, destructoras industriales, cortadoras, imprentas, etc. que deberán ser limpiadas siguiendo las instrucciones específicas del fabricante. |
| PAPELERAS | Suelen ser de plástico o metal y deben ser vaciadas periódicamente, e higienizadas, tanto en el exterior como por el interior. |
| ELEMENTOS DECORATIVOS (CUADROS, CORTINAS, ESPEJOS, ALFOMBRAS, ETC.) | Es este apartado están incluidos todos los elementos cuya función es decorar las estancias en las que se desempeña la labor de limpieza. Los componentes textiles más habituales son las cortinas y las alfombras, que deberán lavarse periódicamente para eliminar las posibles manchas que tengan y aspirarse para evitar la acumulación de polvo. Por otra parte, los cuadros y espejos serán limpiados de polvo y se eliminarán las huellas de dedos. |
| VENTANAS | Existen en el mercado muchos materiales con los que elaborar las ventanas, siendo los más habituales el aluminio, la madera, el PVC, etc. Se debe utilizar un producto apropiado para el material de fabricación de los marcos y un limpiacristales. |
| COMPONENTES SANITARIOS | En todas las instalaciones nos encontraremos con aseos y baños cuyos componentes principales serán los lavabos, sanitarios y duchas. |
| COCINA Y COMEDOR | Cada vez es más habitual encontrar cocinas en las instalaciones de cualquier empresa debido a los horarios continuados de trabajo del personal. Por ello, será frecuente que nos encontremos en las instalaciones con una zona de comida que esté provista de electrodomésticos, como la nevera y el microondas, así como fregadero, mesas y sillas de comedor. Esta zona debe ser objeto de limpieza ya que, al realizarse allí la comida, puede ser una estancia en la que se acumule mucha suciedad. |

## 1.2. Identificación de los diferentes productos de limpieza

En la actualidad existe en el mercado un gran número de productos destinados a la limpieza, que pueden mejorar ampliamente los resultados de nuestro trabajo.

Por lo general, la mayoría de ellos son productos químicos cuyo uso tiene una repercusión negativa sobre el medio ambiente y deben ser utilizados con precaución, ya que pueden perjudicar la salud de las personas. Por ello, son cada vez más comunes los productos de carácter ecológico que son menos perjudiciales.

A continuación, vamos a repasar los más comunes y los que tienen más aplicabilidad en el mobiliario que usualmente nos encontraremos en los edificios y locales donde llevaremos a la práctica nuestro trabajo. También mostraremos los materiales sobre los que deben ser utilizados.

### 1.2.1. Limpiadores

Los limpiadores son los productos que, de forma más general, se utilizan para la limpieza del mobiliario sin tener en cuenta lo específico de cada superficie. Los más utilizados son los detergentes, desengrasantes, desinfectantes y champús.

a) Detergentes

Son productos de limpieza que no están indicados en ningún tipo de mancha en particular, sino que se utilizan de forma general para separar la suciedad de los tejidos. Están indicados en el mobiliario tapizado.

b) Champús

Los champús se caracterizan por ser productos de limpieza que generan espuma. Están fabricados a base de emulsionantes y desengrasantes y se utilizan para la eliminación de suciedad como la grasa, aceites, restos de alimentos, etc. Son muy indicados para las alfombras y mobiliario tapizado.

c) Desengrasantes

Son productos diseñados para eliminar las grasas y aceites. Su composición suele ser a base de desengrasante y detergente. Están indicados en la eliminación de este tipo de manchas tanto en el mobiliario como en las superficies textiles.

d) Desinfectantes

Los desinfectantes se utilizan para eliminar la suciedad y los microorganismos dejando las superficies libres de bacterias y virus. Uno de los ejemplos más conocidos es la lejía.

### 1.2.2. Abrillantadores

Los abrillantadores son productos que se utilizan para dar brillo. Se pueden usar sobre madera, metal o pavimento. Suelen estar compuestos de aceites o ácidos.

Los que se utilizan para el metal incorporan un producto que inhibe la corrosión. Los ideados para la madera tienen incorporados un protector que evita el deterioro.

Para dar un acabado brillante a los suelos, los abrillantadores están creados a base de aceites y son más eficaces sobre superficies como mármol, terrazo, madera, azulejo, granito, acrílico, cemento pulido, etc.

### 1.2.3. Productos específicos: limpiacristales, limpiametales, limpiamuebles, ambientadores

a) Limpiacristales

Los limpiacristales son productos indicados específicamente en la limpieza de los cristales. En ocasiones, estos productos suelen incorporar otros componentes que lo convierten al mismo tiempo en antivaho, prolongando así el efecto de la limpieza.

b) Ambientadores

Su uso está destinado a enmascarar los olores no deseados de los baños o estancias, ofreciendo un olor agradable.

Existen ambientadores de distintos tipos como, por ejemplo, los eléctricos, que desprenden la fragancia de forma periódica, así como los más usuales, consistentes en pastillas que desprenden olor agradable. Los productos de limpieza incorporan componentes que, a la vez que higienizan las superficies, ambientan las estancias.

c) Limpiametales

Dentro de los limpiametales, los hay específicos para las distintas clases de metales más utilizados: plata, acero, aluminio, cobre, bronce, latón, etcétera.

Para el uso de cualquiera de ellos, es necesario que se lleve a cabo una limpieza previa a fin de eliminar el polvo y las manchas que pueda haber. A continuación, se utilizará el producto específico, cuyo objetivo es la eliminación de las manchas que generan este tipo de materiales.

d) Limpiamuebles

Son productos especiales para la limpieza de muebles de madera. Es este uno de los materiales más utilizados en la decoración y en la fabricación del mobiliario tanto doméstico como laboral. Uno de los principales problemas que presenta la madera es la facilidad con que se araña. Por ello, la mayoría de los limpiadores específicos para muebles de madera suelen incorporar un compuesto que cubre los arañazos y que les dan un aspecto renovado.

e) Limpiadores de acero inoxidable

Son productos diseñados para limpiar superficies de acero inoxidable como fregaderos, microondas, etc.

f) Otros

**Limpiadores para piel:** la piel es un material que se utiliza en el tapizado de sofás, sillones y sillas de oficina. La limpieza y mantenimiento de la piel es esencial para mantener sus propiedades y evitar su deterioro. Se debe llevar a cabo en dos fases: la primera consiste en la limpieza de la misma y se recomienda un limpiador jabonoso neutro, y la segunda en aplicar una protección a partir de un producto especial que evite la aparición de grietas y cuarteaduras.

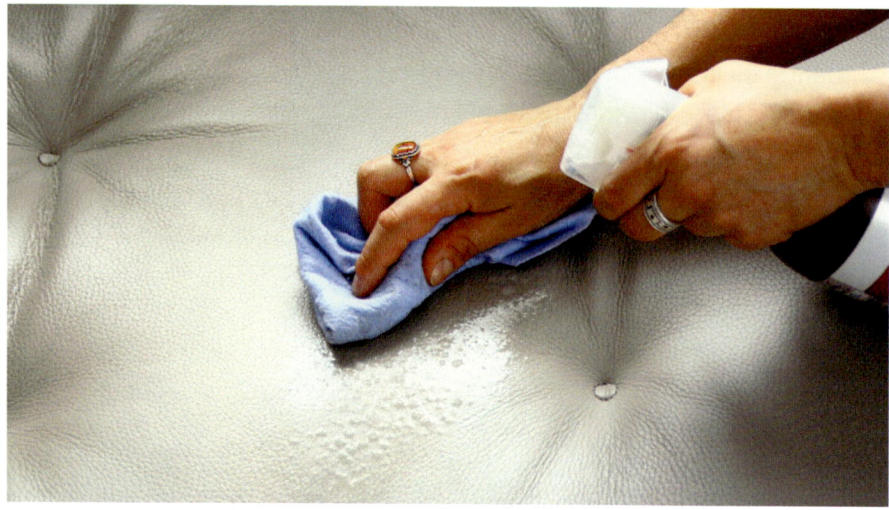

**Desincrustantes:** los desincrustantes no son productos de limpieza como tal, pero se utilizan en las labores de higiene propias que llevaremos a cabo. Sus componentes son ácidos muy fuertes que se emplean para eliminar materiales adheridos a otros, como, por ejemplo, el interior de las tuberías. Hay que extremar las precauciones en su uso ya que pueden perjudicar la salud de las personas.

**Quitamanchas:** se suelen utilizar en las tapicerías textiles y en las alfombras y moquetas para hacer desaparecer manchas difíciles.

**Antical:** son productos que eliminan la cal y el sarro formado por el agua en inodoros, duchas, etc.

## 1.3. Utilización de productos de limpieza y desinfección de mobiliario

A continuación, se aporta una tabla en la que podemos observar los productos mencionados en el apartado anterior, así como la composición e indicaciones de uso:

| PRODUCTOS | COMPOSICIÓN | INDICACIONES |
|---|---|---|
| LEJÍA-DESINFECTANTES | Hipoclorito sódico. Blanqueantes. | Superficies, objetos o textiles que se quieran desinfectar y/o blanquear. |
| DETERGENTES | Tensoactivos. | Indicados en tejidos. |
| DESENGRASANTES | Tienen una formulación alcalina. | Tratamiento para las manchas de grasa. |

| | | |
|---|---|---|
| LIMPIADOR DE MOQUETAS | Base alcalina. | Limpieza de moquetas y tapicerías. |
| LIMPIADOR DE MUEBLES | Principalmente cera. | Se utilizan en maderas. |
| QUITAMANCHAS | Oxígeno activo. | Indicado en manchas difíciles sobre tejidos. |
| LIMPIADOR PARA PIELES | Hidrocarburos y aceites. | Limpieza de mobiliario tapizado en piel natural. |
| LIMPIAMETALES | Composición ácida. | Elementos de metal. |
| AMBIENTADORES | Peróxido de hidrógeno y perfume. | Dar buen olor en distintos espacios. |

### 1.3.1. Dosificación y tipo de dosificadores

La dosificación de los productos utilizados en las actividades de limpieza está condicionada por la suciedad, la superficie u objeto que se quiera limpiar, la peligrosidad del producto, etc.

Como indicación general, recomendamos que se sigan las instrucciones del fabricante sobre las cantidades que se deben utilizar y sobre la idoneidad o no de utilizar los productos diluidos en agua. En tal caso, también se deben respetar las proporciones de agua y producto que se recomienden.

Por otra parte, es bueno conocer los tipos de dosificadores que existen en el mercado y que nos ayudarán a hacer nuestro trabajo de forma más eficaz, y evitar el derrame innecesario de producto.

Los dosificadores más comunes son los siguientes:

| | |
|---|---|
| Dosificador de jabón para pared. | |
| Dosificador de papel secamanos. | |

| | |
|---|---|
| Dosificador de productos líquidos de limpieza con atomizador. | |
| Botella con dispensador de líquido. | |
| Botella dosificadora con doble tapón. | |

Los dosificadores que estén a disposición de los usuarios, como, por ejemplo, los de papel o los de jabón, deben estar siempre cargados de producto y limpios.

### 1.3.2. Riesgos derivados de una mala utilización

La mala utilización de los productos de limpieza conlleva una serie de riesgos. Estos riesgos se pueden clasificar en dos tipos según a qué o a quién se ocasione el perjuicio. Son los siguientes:

- Riesgos relacionados con las superficies, mobiliario u objeto que hay que limpiar.

- Riesgos que afectan a las personas que utilizan los productos de limpieza, o que se encuentran en las inmediaciones de la zona objeto de la limpieza.

Con respecto a los primeros, es necesario prestar atención a los productos utilizados sobre los distintos muebles, ya sea con superficie textil o de otro material. Los productos muy fuertes como la lejía, utilizada sobre superficies delicadas como la piel o la tela, tienen unos efectos irreversibles. Una mala elección del producto puede ocasionar el deterioro de la superficie, provocando pérdida del color o alguna de sus cualidades.

En relación con los segundos, los riesgos que afectan a las personas se pueden resumir en los que se detallan a continuación:

- Contacto directo con productos: si por una mala manipulación tiene lugar un contacto directo con productos irritantes o corrosivos, estos pueden producir irritación o quemaduras en la piel o los ojos. Estos efectos pueden aparecer inmediatamente o en un espacio de tiempo más largo, en cuyo caso podrían provocar alergias, eczemas, etc.

- Inhalación de productos tóxicos por vía respiratoria: nos referimos a la inhalación de productos químicos que contaminan el ambiente de trabajo a través de los vapores o gases irritantes que desprenden. Uno de los efectos puede ser la intoxicación por inhalación.

- Incendio y explosión: estos riesgos se presentan en productos inflamables o combustibles manipulados cerca de focos de calor, así como pulverizadores, como, por ejemplo, espráis.

Los momentos de mayor riesgo son los de trasvase de productos de unos envases a otros, ya que, de no hacerse con la suficiente precaución, podemos facilitar el contacto directo, la inhalación y el riesgo de incendio.

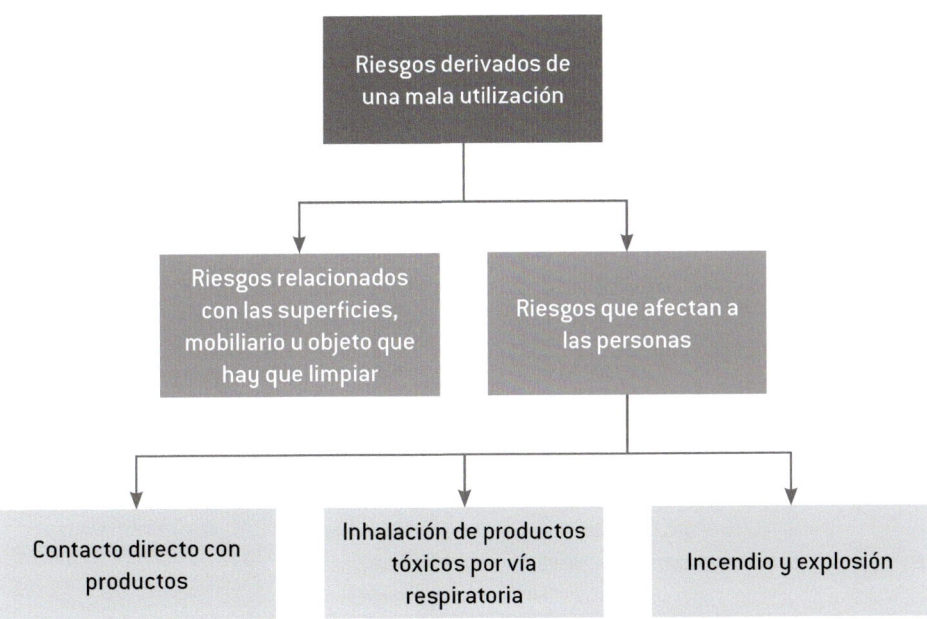

Las medidas preventivas que se proponen son las siguientes:

- Mantener las etiquetas de los envases originales de estos productos.

- Respetar las recomendaciones que contengan dichas etiquetas.

- Siempre que sea posible, sustituir los productos más peligrosos por otros que no lo sean.

- Utilizar los equipos de protección individual.

- A la hora de manipular sustancias que puedan desprender vapores o gases, es recomendable hacerlo en lugares donde exista la suficiente ventilación como para evitar que estos gases se acumulen y puedan ser inhalados.

- Evitar acercar los productos que puedan resultar inflamables a los focos de ignición.

- Mantener los recipientes de los productos químicos convenientemente cerrados.

- Evitar la mezcla de productos de limpieza.

- Almacenar los productos en lugares alejados de la manipulación de otras personas, sobre todo niños.

- Al aplicar un producto nuevo sobre una superficie, comprobar su efecto en un lugar poco visible.

Por lo general, los productos químicos de limpieza, en función del riesgo que representan, se pueden clasificar en: tóxicos, corrosivos, irritantes o inflamables.

A continuación, se aporta una tabla con los productos más utilizados y los efectos que pueden ocasionar en el organismo humano:

DETERGENTES

Pueden aparecer lesiones respiratorias serias tras la ingestión e inhalación. Tiene potencial para producir lesiones cáusticas. La exposición ocular puede ocasionar irritación y abrasión corneal.

BLANQUEANTES Y LEJÍAS

Producen daño esofágico en caso de ingestión.

CÁUSTICOS Y CORROSIVOS

Forman parte de las intoxicaciones por sustancias más peligrosas.

JABONES

Tienen efectos de baja toxicidad. Si son ingeridos, se pueden presentar náuseas, vómitos y diarrea en pocos minutos. Si se produce contacto ocular, puede provocar conjuntivitis leve.

### AMONIACO

La inhalación es una vía importante de exposición. El olor del amoniaco y las propiedades irritantes pueden provocar una «fatiga del olfato», tos y dificultad respiratoria.

La ingestión puede causar lesión corrosiva de la boca, garganta y estómago.

El contacto con los ojos produce irritación.

### DISOLVENTES

La vía de intoxicación más frecuente es la inhalatoria, aunque también se puede producir por vía digestiva y cutánea.

Puede producir síntomas como visión borrosa, alteraciones del lenguaje, dolor de cabeza, dolor abdominal, dolor torácico o broncoespasmo.

Por otra parte, la mayoría de los disolventes, en contacto con la piel puede provocar dermatitis.

### LIMPIAMETALES

El ácido oxálico presente en limpiadores de metal puede producir lesiones corrosivas y más tarde daño renal e hipocalcemia.

En la actualidad, está en auge la industria de productos de limpieza ecológicos. Estos son productos cada vez menos tóxicos y generan menos riesgo para la salud de las personas que los manipulan, aunque no hay que olvidarse de que la manipulación de cualquier producto de limpieza siempre entraña cierto riesgo. La mayoría de los accidentes ocurren por un exceso de confianza, que hace que bajemos la alerta sobre las precauciones que se deben tomar.

### 1.3.3. Conducta que hay que seguir en casos de toxicidad

En cualquier caso de emergencia, el protocolo de actuación recoge tres pasos principales que son los siguientes:

- **PROTEGER:** antes de actuar debemos tener la total seguridad de que tanto el accidentado como nosotros estamos ya fuera de peligro. En el caso de toxicidad por productos de limpieza, será necesario tener constancia de que estamos alejados del producto en cuestión, de forma que no pueda continuar siendo perjudicial para nosotros.

- **AVISAR:** siempre que sea posible, avisaremos a los servicios sanitarios sobre la existencia del accidente y, así, pasamos a activar el plan de emergencia, para pasar a socorrer mientras esperamos la ayuda profesional. Será de gran ayuda poder informar sobre el producto que ha provocado la intoxicación y los efectos que ha tenido sobre el accidentado.

- **SOCORRER:** una vez hemos protegido y avisado, actuaremos sobre el accidentado reconociendo sus signos vitales.

PROTEGER · AVISAR · SOCORRER

Todas las etiquetas de los productos de limpieza contienen el número de teléfono al que se puede llamar en caso de accidente con productos químicos. Se trata del Servicio de Información Toxicológica.

El Servicio de Información Toxicológica tiene mucha importancia ya que, entre otras, cumple con las siguientes funciones:

- Identifica los ingredientes. Los limpiadores cambian a menudo su composición y es importante conocer la actual en el momento del accidente.

- Es posible que la exposición haya sido a varios productos y que el tratamiento para un caso no sea el adecuado para el otro, o incluso llegue a estar contraindicado.

- La mayoría de los accidentes suelen ser poco importantes, por lo que se suele evitar la visita a urgencias tras la llamada al Servicio de Información Toxicológica.

Los primeros auxilios dependerán del tipo de tóxico que esté presente. Será siempre necesario consultar al SIT antes de adoptar cualquiera medida.

---

**SABÍAS QUE…**

Los datos del SIT son los siguientes:
- Servicio de Información Toxicológica
- Teléfono: + 34 91 562 04 20 (solo emergencias toxicológicas)
- Información en español (24h/365 días)
- Para más información: sit@mju.es

Escanea este código QR si quieres saber más sobre el SIT.

Como norma general, se actuará de la siguiente forma:

Cuando se produce la ingesta de un producto de limpieza con tensoactivos/agentes espumógenos:

- Si la ingesta ha sido escasa: se pueden ingerir antiespumantes como aceite (una cucharadita) y líquidos como agua o leche, uno o medio vaso bebido a pequeños sorbos.

- Si ha sido elevada, se debe valorar en urgencias. No es recomendable provocar el vómito.

En caso de ingestión de lejía:

- Pequeñas cantidades: evitar el vómito. Se pueden tomar líquidos albuminosos (un vaso de agua o leche más una clara de huevo batida).

- Si se toma en cantidades mayores, es imprescindible la asistencia a urgencias.

Cuando se ingiere un cáustico:

- Retirar con gasa los restos de la boca, no tragar.

- No inducir el vómito.

- Asistir a urgencias a la mayor brevedad posible.

Si se derrama un cáustico o un irritante sobre la piel:

- Retirar ropa, joyas, etc., que actúan como reservorio del producto.

- Lavar la zona inmediatamente.

- Es importante evitar que la persona que está haciendo la descontaminación se exponga al producto.

Si el producto químico salpica sobre los ojos:

- Retirar las lentillas, en caso de que se lleven.

- Lavar el ojo con agua o suero fisiológico.

- Acudir a urgencias.

Si se inhalan vapores tóxicos:

- Retirar al sujeto de la zona lo antes posible.

- Situar al intoxicado en una zona bien ventilada y oxigenada.

- Acudir a urgencias.

## 1.4. Interpretación y lectura del etiquetaje de los productos

El etiquetaje de los productos es la primera información que recibe el consumidor sobre el producto que va a adquirir y los riesgos que conlleva su uso. Todos los recipientes que contengan un producto químico deben llevar obligatoriamente la etiqueta correspondiente que debe recoger los siguientes datos:

- Nombre de la sustancia o del preparado.

- Nombre, dirección y teléfono del fabricante o importador.

- Símbolos e indicaciones de peligro para destacar los riesgos principales.

A partir del 1 de junio de 2015, el Reglamento sobre clasificación, etiquetado y envasado (CLP) establece la forma de clasificar, etiquetar y envasar sustancias y mezclas químicas peligrosas conforme a una serie de símbolos y códigos universales que se recogen a continuación en la siguiente tabla:

| PELIGROS FÍSICOS Y QUÍMICOS | | |
|---|---|---|
| | Explosivo | **Clasificación:** explosivo inestable, explosivo, peligro de explosión en masa, explosivo, grave peligro de proyección, explosivo, peligro de incendio, de onda expansiva o de proyección.<br>**Precaución:** mantener alejado de fuentes de calor, chispas, llama abierta o superficies calientes. No fumar. Llevar guantes, prendas, gafas, máscara de protección. Utilizar el equipo de protección individual obligatorio. Riesgo de explosión en caso de incendio. |
| | Inflamable | **Clasificación:** gas extremadamente inflamable, gas inflamable, aerosol extremadamente inflamable, aerosol inflamable, líquido y vapores muy inflamables, líquido y vapores inflamables, sólidos inflamables.<br>**Precaución:** no pulverizar sobre una llama abierta u otra fuente de ignición. Mantener alejado de fuentes de calor, chispas, llama abierta o superficies calientes. No fumar. Mantener el recipiente cerrado herméticamente. Mantener en lugar fresco. Proteger de la luz del sol. |
| | Gas a presión | **Clasificación:** contiene gas a presión, peligro de explosión en caso de calentamiento. Contiene gas refrigerado, puede provocar quemaduras o lesiones criogénicas.<br>**Precaución:** proteger de la luz del sol. Llevar guantes, gafas, máscara que aíslen del frío. Consultar a un médico inmediatamente. |

| | | **PELIGROS FÍSICOS Y QUÍMICOS** |
|---|---|---|
| | Corrosivo | **Clasificación:** puede ser corrosivo para los metales. Provoca quemaduras graves en la piel y lesiones oculares graves.<br><br>**Precaución:** no respirar el polvo, el humo, el gas, la niebla, los vapores, el aerosol. Lavarse concienzudamente tras la manipulación. Llevar guantes, prendas, gafas, máscara de protección. Guardar bajo llave. Conservar únicamente en el recipiente original. |
| | Comburente | **Clasificación:** puede provocar o agravar un incendio; comburente. Puede provocar un incendio o una explosión; muy comburente.<br><br>**Precaución:** mantener alejado de fuentes de calor, chispas, llama abierta o superficies calientes. No fumar. Llevar guantes, prendas, gafas, máscara de protección. Aclarar inmediatamente con agua abundante las prendas y la piel contaminadas antes de quitarse la ropa. |
| | | **PELIGROS PARA LA SALUD** |
| | Toxicidad aguda | **Clasificación:** mortal en caso de ingestión. Mortal en contacto con la piel. Mortal en caso de inhalación. Tóxico en caso de ingestión. Tóxico en contacto con la piel. Tóxico por inhalación.<br><br>**Precaución:** lavarse concienzudamente tras la manipulación. No comer, beber ni fumar durante su utilización. En caso de ingestión, llamar inmediatamente a un centro de información toxicológica o a un médico. Enjuagarse la boca. Almacenar en un recipiente cerrado. Evitar el contacto con los ojos, la piel o la ropa. Llevar guantes, prendas, gafas, máscara de protección. En caso de contacto con la piel, lavar suavemente con agua y jabón abundantes. Quitarse inmediatamente las prendas contaminadas. Lavar las prendas contaminadas antes de volverlas a utilizar. No respirar el polvo, el humo, el gas, la niebla, los vapores, el aerosol. Utilizar únicamente en exteriores o en un lugar bien ventilado. Llevar equipo de protección respiratoria. En caso de inhalación, trasportar a la víctima al exterior y mantenerla en reposo en una posición confortable para respirar. Guardar bajo llave. |

| | | PELIGROS PARA LA SALUD |
|---|---|---|

| | Peligro grave para la salud | **Clasificación:** puede irritar las vías respiratorias. Puede provocar somnolencia o vértigo. Puede provocar una reacción alérgica en la piel. Provoca irritación ocular grave. Provoca irritación cutánea. Nocivo en caso de ingestión. Nocivo en contacto con la piel. Nocivo en caso de inhalación. Nociva para la salud pública y el medio ambiente por destruir el ozono estratosférico.<br><br>**Precaución:** ingestión y penetración en las vías respiratorias. Perjudica a determinados órganos. Puede perjudicar a determinados órganos. Puede perjudicar la fertilidad o al feto. Se sospecha que daña la fertilidad o al feto. Puede provocar cáncer. Se sospecha que provoca cáncer. Puede provocar defectos genéticos. Se sospecha que provocar defectos genéticos. Puede provocar síntomas de alergia o asma o dificultades respiratorias en caso de inhalación. En caso de ingestión, llamar inmediatamente a un centro de información toxicológica o a un médico.<br><br>No provocar el vómito. Guardar bajo llave. No respirar el polvo, el humo, el gas, la niebla, los vapores, el aerosol. Lavarse concienzudamente tras la manipulación. No comer, beber ni fumar durante su utilización. Consultar a un médico en caso de malestar. En caso de exposición, llamar a un centro de información toxicológica o aun médico. Solicitar instrucciones especiales antes del uso. No manipular la sustancia antes de haber leído y comprendido todas las instrucciones de seguridad. Utilizar el equipo de protección individual obligatorio. En caso de exposición manifiesta o presunta, consultar a un médico. Evitar respirar el polvo, el humo, el gas, la niebla, los vapores, el aerosol. En caso de ventilación insuficiente, llevar equipo de protección respiratoria. En caso de inhalación, si respira con dificultad, transportar a la víctima al exterior y mantenerla en reposo, en una posición en la que pueda respirar confortablemente. |
| | Corrosivo | **Clasificación:** provoca quemaduras graves en la piel y lesiones oculares graves.<br><br>**Precaución:** no respirar el polvo, el humo, el gas, la niebla, los vapores, el aerosol. Lavarse concienzudamente tras la manipulación. Llevar guantes, prendas, gafas, máscara de protección. Guardar bajo llave. Conservar únicamente en el recipiente original. |

| PELIGROS PARA EL MEDIO AMBIENTE |
|---|

**Peligro para el medio ambiente**

**Clasificación:** en el caso de ser liberado en el medio acuático y no acuático puede producirse un daño del ecosistema por cambio del equilibrio natural, inmediatamente o con posterioridad. Ciertas sustancias o sus productos de transformación pueden alterar simultáneamente diversos compartimentos.

**Precaución:** según sea el potencial peligro, no dejar que alcancen la canalización, en el suelo o en el medio ambiente. Observar las prescripciones de eliminación de residuos especiales.

## EN ESTE CAPÍTULO HEMOS APRENDIDO A:

- Que existen distintos tipos de productos de limpieza y que entre ellos hay algunos específicos para la limpieza del mobiliario que nos podemos encontrar en las diferentes dependencias objeto de nuestro trabajo.

- Diferenciar los distintos tipos de mobiliario y cuál es su composición a fin de elegir correctamente los productos que vamos a utilizar.

- Reconocer los distintos tipos de productos de limpieza indicados para el mobiliario y las demás superficies, y su correcta utilización.

- La importancia del uso de dosificadores y las ventajas de su utilización.

- Identificar los riesgos que se corren cuando no se utilizan correctamente los productos de limpieza.

- Actuar de forma correcta en caso de intoxicación por productos químicos.

- Que es muy importante conocer el etiquetaje de los productos químicos, ya que nos informa de los riesgos que se pueden correr en caso de un mal uso o accidente.

## CASO PRÁCTICO

Lucía es responsable del equipo de limpieza en una empresa que utiliza productos químicos para la limpieza y desinfección de diferentes espacios. Un día, mientras revisa el trabajo que realizan otros compañeros, uno de los operarios, Juan, sufre una salpicadura de un limpiador corrosivo en el brazo, provocándole una quemadura grave. Los compañeros de Juan lo llevan rápidamente a la zona de primeros auxilios, pero no están seguros de cómo actuar correctamente.

¿Cómo debe actuar el equipo de limpieza?

## SOLUCIÓN:

No neutralizar el químico: no se debe intentar neutralizar el producto corrosivo con otro químico, ya que esto puede generar reacciones peligrosas.
Lavar con agua abundante: lavar la zona afectada con mucha agua durante al menos 15-20 minutos. No frotar la piel, solo dejar que el agua fluya.
Retirar la ropa contaminada: con cuidado, retirar la ropa que esté en contacto con el producto para evitar que el químico se extienda a otras partes del cuerpo.
Atención médica: buscar atención médica de inmediato para tratar la quemadura de manera adecuada.

# ACTIVIDADES

EJERCICIOS DE REPASO Y AUTOEVALUACIÓN

1.1. ¿Cuál de los siguientes materiales NO suele utilizarse para la fabricación de estanterías?

a) Madera.

b) Metal.

c) Vidrio.

d) Aglomerado.

1.2. ¿Qué tipo de producto se utiliza específicamente para eliminar grasa y aceites?

a) Detergente.

b) Desengrasante.

c) Desinfectante.

d) Quitamanchas.

1.3. ¿Cuál es la función principal de los abrillantadores?

a) Desinfectar superficies.

b) Dar brillo a ciertos materiales.

c) Limpiar vidrios.

d) Eliminar restos de comida.

1.4. ¿Qué elemento de protección es fundamental al manipular productos químicos de limpieza?

a) Mascarilla y guantes.

b) Gorro y delantal.

c) Ropa ligera y zapatos abiertos.

d) No es necesaria ninguna protección.

1.5. Explica por qué es importante seguir las instrucciones del fabricante en la dosificación de productos de limpieza.

1.6. Describe los principales riesgos derivados de una mala utilización de los productos de limpieza y cómo pueden evitarse.

1.7. Explica la diferencia entre limpiadores generales y productos específicos, proporcionando un ejemplo de cada uno.

1.8. ¿Qué tipo de mobiliario suele acumular más polvo y requiere una limpieza frecuente?

1.9. ¿Cuál es la principal recomendación al limpiar equipos informáticos y fotocopiadoras?

1.10. ¿Qué tres pasos se deben seguir en caso de intoxicación por productos de limpieza?

# 2. Técnicas de limpieza de mobiliario

# Contenido

# En este capítulo vamos a aprender a:

- Utilizar las mejores técnicas para conseguir la limpieza de mobiliario de forma óptima.

- Seguir un orden lógico que nos permita la limpieza de forma adecuada.

- Adaptar los espacios de trabajo de manera que podamos llevar a cabo nuestro trabajo lo más rápidamente posible y sin poner en riesgo el buen estado del mobiliario ni a la salud de las personas que se encuentren en las inmediaciones.

- Valorar la importancia de llevar un registro de las tareas y horarios de limpieza.

- Conocer los útiles que se usan en la limpieza de mobiliario y su aplicación.

- Utilizar electrodomésticos en la limpieza de superficies textiles, como, por ejemplo, la aspiradora.

- Reconocer la importancia de la conservación de los útiles de limpieza.

La limpieza del mobiliario contenido en los edificios y locales, objeto de nuestro trabajo, es muy importante por diversas razones tanto para las personas que trabajan en esas dependencias como para los clientes que puedan llegar hasta ellas, ya que la impresión que causa una zona limpia genera en los clientes y trabajadores una buena sensación.

Existen distintas técnicas en función de la composición del mobiliario en cuestión. Para realizar un acercamiento a esta idea, podemos dividir los tipos de mobiliarios en dos: los resistentes y los que deben ser limpiados con más cuidado.

En relación con los primeros, podemos encontrarnos con mobiliario de exterior. Este tipo de mobiliario suele estar fabricado en plástico y tolera la limpieza con grandes cantidades de agua. El procedimiento consistiría en utilizar un detergente neutro y una bayeta mojada en agua y pasar por toda la superficie del mobiliario, mesas y sillas, incluso por la zona de las patas hasta comprobar que, tanto polvo como restos de suciedad, han desaparecido.

Con respecto al mobiliario menos resistente o que necesita de cuidados más específicos, hablaremos a continuación. En primer lugar, habrá que conocer el material con el que está fabricado para no provocar su deterioro. Como norma general, se puede utilizar una bayeta y un producto captapolvo, o la bayeta un poco humedecida en agua.

## 2.1. Secuenciación de actividades

La idea de establecer una secuencia lógica en las actividades de limpieza obedece a la necesidad de tener sistematizado el trabajo para que los resultados sean mejores.

De forma general, se recomienda la siguiente:

1.º La bayeta será plegada con la idea de utilizar una sola parte a la vez. Conforme se vaya ensuciando, utilizaremos otras partes de la bayeta. Debe estar impregnada por el producto elegido o por agua.

2.º Se irá eliminando el polvo comenzando por los muebles más altos para continuar por los más bajos. El orden siempre será de arriba abajo. Si hay lámparas o cuadros también habrá que tenerlos en cuenta. En caso de mesas o sillas, lo último deben ser las patas.

3.º Los objetos que se encuentren encima de los muebles que hay que limpiar deberán ser cambiados de sitio de forma temporal, teniendo especial cuidado con los que puedan arañar la superficie del mueble. En el caso de que haya documentos sobre el mobiliario, se tendrá especial cuidado con no desordenarlos, volviendo a ponerlos en su lugar de origen una vez limpiada la zona.

4.º Se comenzará a limpiar las superficies por las zonas más alejadas a nosotros, para finalizar por las que estén más cerca. El polvo debe ser arrastrado hacia el borde del mueble, evitando que queden restos.

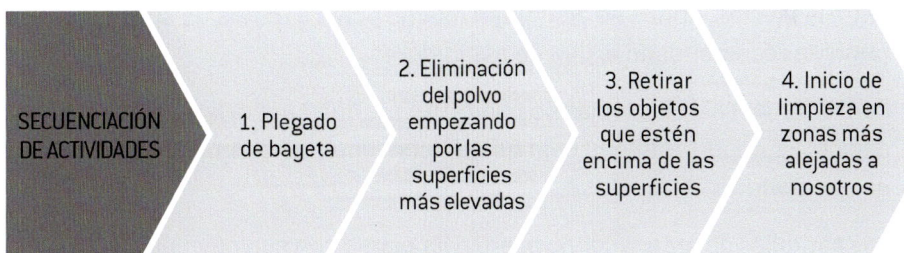

Esta secuencia podrá ser aplicada en sillas, mesas de despacho, estanterías, mesas de reunión, armarios, etc., pero será poco útil en el mobiliario que contenga zonas con recubrimiento textil, así como equipos informáticos y teléfonos.

Para el mobiliario con zonas de recubrimiento textil será necesaria la limpieza, en primer lugar, de las partes textiles. Para ello se puede utilizar un aspirador y, en caso de que existan manchas, una bayeta humedecida e impregnada en amoniaco. Si el mobiliario tiene un recubrimiento en piel, será esta zona la primera en ser limpiada con un producto específico para este material. Por tanto, el orden sería el siguiente:

• Aspirado de zonas textiles del mobiliario.

• Retirado de manchas, en su caso, o limpieza de las zonas de piel.

• Limpieza de partes del mobiliario no textiles, comenzando por las zonas más altas, para acabar con las partes bajas y/o patas.

En los casos en los que el mobiliario esté fabricado con metal o aluminio, se podrá utilizar una bayeta humedecida e impregnada con producto químico indicado para estos materiales, teniendo especial cuidado en que no queden restos de producto que ocasionen manchas sobre la superficie.

Para los equipos informáticos y similares, se proponen las siguientes recomendaciones:

- Para proceder a la limpieza de los equipos informáticos, será necesario que estén apagados.

- Para la limpieza exterior de los ordenadores, se puede utilizar una bayeta impregnada de un producto captapolvo. Se debe prestar especial atención a las rejillas de ventilación de los ordenadores, eliminando el polvo que se acumula en esa zona, ya que puede llegar a taponar los respiraderos y provocar la avería del equipo.

- Para los teclados, se recomienda el uso de un producto específico que genera un chorro de aire muy fuerte y permite la limpieza del espacio que queda entre las teclas, donde se acumulan mucho polvo y restos de suciedad. Está también recomendado el uso de aspiradores.

  Para la limpieza de las teclas se puede utilizar una bayeta ligeramente humedecida. Es importante que bajo ningún concepto los ordenadores se mojen, ya que podrían estropearse.

- Las pantallas de ordenador no pueden limpiarse con cualquier producto. Existen productos indicados para los aparatos que acumulan electricidad estática y son estos los que dan mejores resultados.

- Los teléfonos deben ser también limpiados concienzudamente por una cuestión de higiene. Se debe prestar especial atención a la zona del micrófono, ya que es la que se encuentra más cerca de la boca y puede ser una zona que favorezca la transmisión de gérmenes.

## 2.2. Acondicionamiento de los espacios de trabajo

A la hora de realizar la limpieza de un espacio, es necesario preparar la zona para que el tiempo destinado a la misma sea lo más productivo posible.

La adecuación de la zona que hay que trabajar producirá mejores resultados y evitará los accidentes que se puedan dar.

### 2.2.1. Actuación sobre el entorno

El acondicionamiento de los espacios de trabajo implica una serie de actuaciones sobre el entorno que se llevarán a cabo tras un estudio de la zona donde se desarrolle nuestro trabajo. Se verificarán distintos criterios, como, por ejemplo:

- Que la zona esté totalmente despejada de elementos que puedan incidir negativamente en nuestro trabajo.

- Que existan riesgos que puedan suponer una amenaza para la salud de las personas que se encuentren en la zona o para las que realizan las tareas de limpieza.

Si se observa alguna de las cuestiones anteriormente citadas, será necesario actuar en la zona para que esté suficientemente despejada eliminándose los riesgos.

### 2.2.2. Desarrollar las tareas de limpieza de mobiliario con personas presentes o en tránsito

El proceso de limpieza de mobiliario en edificios y locales es aún más complicado cuando existen personas presentes en la zona que se debe limpiar. Suele ser bastante habitual que tanto clientes como personal de la empresa se encuentren en la zona donde se está realizando la limpieza. Es de lo más normal encontrar a alguna persona que pisa el suelo mientras friegas o entra en el baño cuando está siendo higienizado. Para evitar este tipo de situaciones, es recomendable utilizar las señalizaciones pertinentes.

En los casos en los que encontremos personas en la zona que hay que limpiar, habrá que actuar de la siguiente manera:

- Si se trata de una persona sentada en la mesa de su despacho, se le preguntará amablemente si quiere que se le limpie la mesa. En caso afirmativo, esa persona dejará su lugar de trabajo mientras que el personal de limpieza desarrolla su actividad. En caso negativo, se intentará volver en otro momento siempre que la planificación del trabajo lo permita.

- En caso de que la persona en la zona de trabajo sea un cliente, por ejemplo, en una sala de espera, se le indicará amablemente otro lugar donde puede seguir esperando. En el caso de que ofrezca resistencia, se intentará volver más tarde si la planificación del trabajo lo permite.

## 2.3. Cumplimentar hoja de registro de tareas

La limpieza en las distintas zonas de los edificios y locales obedece a una actividad previamente planificada. Esta planificación se elabora a través de un estudio previo teniendo en cuenta los siguientes criterios:

- Número de estancias.

- Necesidad de limpieza de cada una de ellas. No tiene la misma necesidad de limpieza una guardería que una tienda de ropa.

- Cantidad de mobiliario que haya en cada dependencia.

- Número de personas que trabajan en la zona.

- Horario de trabajo y de atención al público.

- Personal destinado a la limpieza de la zona.

- Tiempo destinado para la limpieza de la zona.

Una vez analizadas todas las cuestiones, se decide cuántas personas van a dedicarse a la limpieza de la zona y durante cuánto tiempo. Se elige igualmente el horario y se elabora una hoja de registro de tareas donde se recoge la siguiente información:

- Datos de la empresa.

- Persona que desarrolla la actividad.

- Horario en el que se desarrolla.

- Actividad que se lleva a cabo.

A continuación ofrecemos un ejemplo de una hoja de registro de tareas:

| EMPRESA: | | | | | | | |
|---|---|---|---|---|---|---|---|
| FECHA: | TRABAJADOR | HORARIO | ACTUACIONES REALIZADAS | | | | FIRMA |
| | | | | | | | |
| | | | | | | | |
| | | | | | | | |
| | | | | | | | |
| | | | | | | | |
| OBSERVACIONES: | | | | | | | |

## 2.4. Selección e identificación de los diferentes útiles de limpieza de mobiliario

Como ya hemos hablado en el Capítulo 1, existe una amplia gama de productos y útiles de limpieza indicados en la limpieza de mobiliario.

Aunque su utilización suele ser bastante simple, es necesario conocer el funcionamiento de ellos y, sobre todo, para qué superficies están indicados y para cuáles no. Para ello, se recomienda observar la superficie que hay que limpiar, identificar el tipo de suciedad que se quiere eliminar y comprobar de qué útiles y productos se dispone.

Para la limpieza del mobiliario, se contará con instrumentos básicos como los siguientes:

- Bayetas.

- Plumeros.

- Cepillos.

- Estropajos.

- Pulverizadores.

a) **Bayetas**

Las bayetas son útiles elaborados con tejidos que se utilizan para la recogida de suciedad como el polvo, los líquidos, etc. En función del tejido con el que estén fabricadas, estarán indicadas para un tipo de suciedad u otro. A este respecto, el mercado ha avanzado adaptándose a las necesidades de las empresas de limpieza, elaborando productos de mayor calidad a través de la combinación de distintos tejidos para conseguir una mayor idoneidad en función del tipo de suciedad que se quiera recoger. Los materiales más utilizados para la elaboración de bayetas son los siguientes:

- Algodón: el algodón da lugar a una fibra natural que se utiliza para la elaboración de tejidos suaves y absorbentes. Tienen un gran poder de mojado, de absorción de líquidos y se pueden utilizar sobre mobiliario y superficies delicadas, ya que es muy suave.

- Polipropileno: es un tejido plástico muy resistente que aporta a las bayetas las características de absorbencia y resistencia, ya que evita que se deshagan por el uso.

- Poliéster: es un material plástico que aporta a los tejidos un gran poder de secado.

- Poliamida: se utiliza mezclada con otros materiales y aporta suavidad, impermeabilidad y resistencia a las bayetas.

- Viscosa: este tejido tiene propiedades que aportan a las bayetas una gran capacidad de secado y absorción.

- Microfibra: la microfibra es un tejido fabricado con el trenzado de minúsculos hilos de fibra de poliéster. Sus cualidades son la impermeabilidad y resistencia.

A través de los tejidos mencionados, se elaboran los siguientes tipos de bayetas:

| TIPO DE BAYETA | CUALIDADES | INDICACIONES |
|---|---|---|
| LIMPIACRISTALES | Permite el secado completo de la superficie. | Cristales, mobiliario con zonas de cristal y espejo, mobiliario de formica y melanina, madera, etc. |
| ABSORBENTES | Gran poder de absorción y secado. Son fácilmente lavables. No deja pelusas. | Mobiliario cuyas superficies sean de granito, otras superficies, etc. |
| ALGODÓN | Se pueden utilizar en seco. Aunque funcionan también humedecidas, no tienen capacidad de secado. | Mobiliario de melanina o formica. |
| MICROFIBRAS | Poder de absorción y secado. No deja pelusas. Resistencia. | Mobiliario de madera y cristal. Pantallas de ordenador o televisiones. |

Con el objetivo de distinguir las que se utilizarán en una u otra zona, existen distintos colores que ayudan a distinguirlas.

b) Plumeros

Los plumeros son unas herramientas de limpieza muy útiles que se usan para la eliminación del polvo y la suciedad de los muebles y otros elementos. Se compone de una parte superior formada por plumas naturales o artificiales y un mango para sujetarlo que facilita su uso. Este mango puede ser telescópico para facilitar la limpieza de zonas más alejadas y de difícil acceso.

Es importante tener en cuenta que los plumeros no recogen el polvo, sino que lo dispersan por el aire. Poco a poco las partículas de polvo irán depositándose sobre el suelo y es ahí donde deberán ser recogidas. El uso del plumero será de los primeros pasos que se deberán dar para la limpieza de las instalaciones, ya que de lo contrario estaríamos de nuevo ensuciando las zonas más bajas con el polvo que se depositaría posteriormente.

Podemos encontrar dos tipos de plumeros:

- Plumeros naturales: pueden ser de plumas de aves, como, por ejemplo, de avestruz, de lana o de piel. La textura ligera de los plumeros naturales atrae el polvo fácilmente, siendo el más recomendado para estas tareas. Como aspecto negativo hay que mencionar que se deteriora con facilidad y es difícil de mantener.

Los plumeros de avestruz son los más valorados, ya que aportan los resultados más óptimos. Esto es así gracias a su estructura, compuesta por millones de fibras.

Para un mantenimiento adecuado de los plumeros de avestruz, se recomienda:

— Sacudir el plumero para eliminar el polvo que tenga adherido.

— Para una limpieza del plumero, se puede utilizar agua tibia teniendo en cuenta los siguientes pasos:

  · Se puede utilizar jabón neutro muy suave.

  · Se debe sumergir en el agua y girar hasta que quede limpio.

  · Aclarar concienzudamente para eliminar los restos de jabón. Se apretará para eliminar el exceso de agua con cuidado de no arrancar las plumas.

  · Para el secado, se dejará en contacto con el aire sin que las plumas estén en contacto con ninguna superficie.

— Debe guardarse en un lugar seco.

- Plumeros sintéticos: las cerdas de estos plumeros suelen estar fabricadas con nailon, hilo, acrílico o poliéster. Como ventaja se recoge que son más duraderos que los naturales y más fáciles de mantener, y como inconveniente, que no son tan efectivos como los naturales.

> **SABÍAS QUE…**
>
> El primer plumero fue patentado en 1876 por Susan Hibbard. Fue Harry S. Beckner quien desarrolló el primer cepillo de pluma de avestruz en 1903, considerado como un símbolo de estatus.

## c) Estropajos

Los estropajos se utilizan en la limpieza general de superficies. Aunque están más indicados en cocinas y baños, pueden dar buen resultado sobre las superficies resistentes. Por ello, existen distintas clases de estropajos en función del material con el que estén fabricados. Esta variable será la que determine la superficie sobre la que se va a emplear.

Los tipos más comunes son los siguientes:

- **Estropajo verde**: es el más común y sus fibras ofrecen una dureza intermedia. Está indicado para utensilios y superficies de la cocina. Si empleamos este tipo de estropajo en baños o cristales, corremos el riesgo de rayar sus superficies.

- **Estropajo azul o blanco**: sus fibras son más suaves. Se puede utilizar en superficies de cristal y otras que se rayan con facilidad.

- **Estropajo negro**: es el que tiene las fibras duras, por lo que no está indicado en la limpieza de mobiliario, ya que raya con facilidad cualquier superficie suave.

- **Estropajo de aluminio**: debido al material con el que está fabricado, es el más duro de todos y puede rayar casi cualquier superficie con el más mínimo roce, por lo que no será utilizado para la limpieza de mobiliario.

- **Estropajo de esparto:** es ecológico y eficaz con la suciedad incrustada, aunque puede rayar superficies delicadas.

Los estropajos suelen incorporar una parte de esponja que es más suave. En algunos casos, los estropajos incorporan una hendidura entre la parte más dura y la esponja con la finalidad de facilitar su sujeción y evitar daños en los dedos y uñas. Este tipo de estropajos se conoce como «salvaúñas».

El mantenimiento de estos instrumentos es muy simple ya que se pueden lavar introduciéndose en la lavadora. Es importante tener en cuenta que debe secarse al aire libre y no guardarse hasta que esté totalmente seco.

### d) Cepillos

Los cepillos en general son bastante útiles en la limpieza de mobiliario con recubrimiento textil. Con su utilización se logra que, en caso de tejidos muy gruesos con tendencia a la adherencia de pelusas y elementos similares, estas partículas se desprendan.

Los cepillos para la limpieza de tapicerías se pueden también utilizar combinados con un producto limpiador. Para ello, es necesario aplicar, en primer lugar, el producto y, posteriormente, utilizar el cepillo para conseguir un buen resultado.

Existen cepillos de muchas clases; entre los más aconsejados para las tapicerías nos encontramos con los que tienen cerdas a ambos lados, ya que las de una parte serán más duras, idóneas para tejidos más resistentes, y por la otra, más suaves para poder utilizarlos en tejidos más delicados.

Existen distintos tipos de cepillos, cada uno de ellos indicado para un tipo de superficie. Los más comunes son los siguientes:

- Cepillo de cerdas de nailon: posee unas cerdas consistentes que facilitan la limpieza de superficies textiles como moquetas, alfombras o tapicerías sin deteriorar los materiales. Algunos fabricantes las elaboran con formas más adaptadas a la mano que facilitan el trabajo con comodidad.

- Cepillo de cerdas de pelo de caballo: está indicado en superficies delicadas como, por ejemplo, tapicerías de material delicado o cuero. Evita el deterioro de la superficie.

### e) Pulverizadores

Los pulverizadores son útiles que ayudan a aplicar los productos de limpieza controlando la cantidad que se utiliza, evitando el uso excesivo de la cantidad utilizada y eliminando la posibilidad de derrames innecesarios.

En el mercado existe una gran variedad, siendo los más usuales los siguientes:

- **Pulverizador manual**: es muy ligero y fácil de usar. Cada vez que se acciona el gatillo con el dedo, tenemos una pulverización del producto que contenga. Se recomienda su uso en las zonas más pequeñas.

- **Pulverizador de presión previa**: está indicado en zonas más grandes. El pulverizador adquiere presión accionando la palanca y para pulverizar el producto solo tendremos que pulsar el gatillo. El espacio que se pulveriza es mayor y con mayor presión.

- **Pulverizador industrial**: puede ser como los anteriores, manual o de presión previa, pero se diferencia por el material con el que está fabricado, ya que soporta la contención de productos químicos.

## 2.5. Uso y aplicación de dichos útiles

Como hemos comentado, no solo es suficiente conocer los útiles para la limpieza de mobiliario, sino que también debemos saber cómo utilizarlos y en qué momento es mejor aplicarlos.

La limpieza de polvo sobre el mobiliario será una situación muy común, ya que la mayoría de la suciedad que nos encontramos en nuestro puesto de trabajo proviene del polvo que entra desde la calle y se deposita en todas las superficies.

Para eliminarlo, es necesario, en primer lugar, realizar el barrido del suelo. Si esta actuación se lleva a cabo después de la limpieza de los muebles, el polvo que se levante y quede en suspensión volverá a caer sobre el mobiliario.

La limpieza se realiza siempre de arriba abajo.

En caso de que se haya elegido una bayeta, esta será impregnada en producto de limpieza apto para la superficie que hay que limpiar. Recordemos que existen productos idóneos para el mobiliario de madera o similar, de cristal, etc.

Si el mobiliario que se está limpiando fuera de **madera**, la bayeta no debe estar muy humedecida, y aplicaremos un producto que contenga cera o similar y que cubra los posibles arañazos.

En los **cristales o espejos** de los muebles se utilizará una bayeta de algodón y producto específico para este tipo de superficie, o bien una bayeta limpiacristales humedecida con agua.

Si el mobiliario tuviera partes de metal o cromadas, como, por ejemplo, las patas de una silla o los tiradores de una mesa, se deberá utilizar un producto limpiametales, teniendo cuidado de no manchar las zonas de madera con estos productos, ya que pueden deteriorarse.

La bayeta será pasada por encima del mobiliario, comenzando por la zona más alejada a nosotros para finalizar con la que está más cerca. El objetivo es recoger el polvo y que vaya quedando adherido a la bayeta gracias al uso del producto.

Si la bayeta está sucia, se doblará la parte manchada hacia dentro y utilizaremos una zona limpia.

En el caso que necesitemos utilizar un plumero porque las zonas no sean muy accesibles, se pasará por el mobiliario que se quiera desempolvar, teniendo en cuenta que el polvo no se recogerá, sino que quedará en el aire. A los plumeros no se les debe añadir ningún producto, ya que su efectividad se debe a la carga estática que poseen.

El plumero deberá ser pasado por la zona que hay que limpiar de forma suave sin ejercer demasiada presión. Sus plumas o cerdas llegarán a los rincones más inaccesibles.

Para la limpieza de las pantallas de ordenador o televisores, se utilizará una bayeta suave y agua, muy bien escurrida.

Con respecto al mobiliario tapizado con material textil, o en caso de alfombras, cortinas, etc., se proponen los siguientes pasos:

1.º Aspirar el polvo con un aspirador puede ser suficiente en la limpieza cotidiana o en caso de que no existan manchas.

2.º Si hay manchas, se podrá utilizar un detergente y un cepillo para facilitar que se disuelva.

3.º Indicar que el mobiliario está húmedo para evitar que nadie se siente y se moje.

## 2.6. Aspiradoras y otros electrodomésticos para la limpieza de componentes textiles

El mobiliario que posea componentes textiles, así como las alfombras y moquetas que se encuentran en las zonas objeto de limpieza, necesitan un tratamiento adecuado, ya que no son válidas las técnicas ni instrumentos utilizados para el resto de superficies.

Podemos distinguir los electrodomésticos que hay que utilizar en función del tipo de suciedad que queramos eliminar. Aunque en la mayoría de los casos se tratará de polvo y partículas de suciedad, también nos encontraremos con manchas en las superficies textiles que necesitarán de unos instrumentos específicos.

A continuación, repasaremos los electrodomésticos indicados para la limpieza del polvo en las superficies textiles:

| | |
|---|---|
| **ASPIRADORAS CON BOLSA**<br>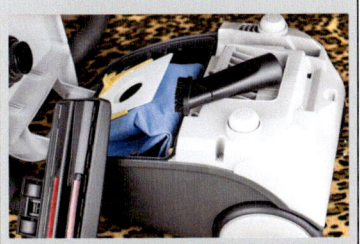 | Son estos los aspiradores más habituales que podemos encontrar en cualquier hogar o lugar de trabajo. Constan de varias partes como: cuerpo rígido, tubo de aspiración, ruedas, distintas terminaciones y bolsa de papel desechable o reutilizable para recoger los deshechos. Entre las distintas terminaciones, nos encontramos con diferentes cepillos que se pueden utilizar en las diversas superficies.<br><br>Entre las ventajas que nos ofrecen, nos encontramos con que funcionan en todas las superficies y llegan a todas partes. Como inconvenientes, podemos observar que pueden devolver el polvo al ambiente una vez se cambie la bolsa. |
| **ASPIRADORAS SIN BOLSA**<br> | Las aspiradoras sin bolsa incorporan un depósito de agua al que va a parar el polvo y los deshechos aspirados, de forma que para limpiar solo tendremos que vaciar el depósito del agua, evitando así que el polvo se vuelva a esparcir como puede ocurrir en caso de aspiradoras con bolsa. |
| **ASPIRADORAS ROBOT**<br> | Su autonomía les permite recoger el polvo y partículas sin la supervisión del profesional. Tienen una batería que debe ser cargada para que pueda realizar su función. No está indicada en lugares pequeños o que posean muchos obstáculos. Su coste es elevado, pero como ventaja podemos mencionar que realizan su labor autónomamente, que se cargan solas y que son muy silenciosas. |

## ASPIRADORAS VERTICALES

Presentan como ventaja su gran comodidad de uso. Son ligeras y manejables. Existen con batería para ser recargadas o para ser usadas conectadas a la red eléctrica.

Suelen presentar un inconveniente y es que su poder de aspirado no es demasiado eficaz, la capacidad del depósito no es muy grande y no son muy silenciosas.

## ASPIRADORAS DE MANO

Los aspiradores de mano están concebidos para la limpieza de zonas pequeñas o espacios de difícil acceso. Pueden funcionar con batería recargable o con cable. No utilizan bolsa, sino un depósito que hay que vaciar cada vez que se utiliza.

## ASPIRADORAS CEPILLADORAS

Las aspiradoras cepilladoras estás indicadas en las grandes superficies como hoteles, palacios de exposiciones, oficinas, etc.

Poseen un sistema de cepillado que mantiene la moqueta limpia y esponjosa durante más tiempo.

En la siguiente tabla se muestran los electrodomésticos indicados en la limpieza de manchas en las superficies textiles:

| | |
|---|---|
| **VAPORETAS**  | Las máquinas a vapor se pueden utilizar sobre distintas superficies. Se usan para la limpieza en profundidad de alfombras, azulejos, cortinas, ventanas, etc. |
| **LAVAMOQUETAS ESPUMA SECA (CHAMPUNEADO)** | La lavamoquetas de espuma seca realiza la limpieza a través de unos discos giratorios muy suaves que impregnan la moqueta. Una vez que se ha secado la espuma debe ser aspirada. Esta técnica es adecuada para pavimentos de moqueta de pelo corto. |
| **LAVAMOQUETAS INYECCIÓN/EXTRACCIÓN**  Si quieres ver cómo utilizar el lavamoquetas inyección/extracción escanea este código QR. | Este lavamoquetas inyecta en la moqueta el agua y el detergente, captando la suciedad para posteriormente extraerla por la aspiración y transportarla hacia un depósito estanco. Esta técnica es la más recomendada para moquetas y alfombras de pelo largo. |

Escanea este código QR si quieres saber más sobre la historia de la aspiradora.

## 2.7. Procesos de conservación de los útiles de limpieza

Los útiles de limpieza son considerados nuestras herramientas de trabajo. Es muy importante el mantenimiento y conservación de los mismos, ya que de ello depende el éxito de nuestro trabajo y su durabilidad. En muchos casos es maquinaria cuyo coste es elevado, por lo que es necesario prestar una especial atención al uso que se hace de ella. Hay una serie de variables que incidirán en la durabilidad de los útiles de limpieza. Son las siguientes:

- Calidad de la herramienta. Cuanto mayor sea la calidad de fabricación, menos desgaste sufrirá ante el uso continuado.

- El tiempo: nos referimos al paso del tiempo que provoca un desgaste inevitable.

- El uso: cuanto más se utilice una herramienta, mayor desgaste sufrirá y menor tiempo durará en buen estado.

- El mantenimiento de los materiales y la limpieza: es muy importante, como antes apuntábamos, que el mantenimiento sea el adecuado, ya que cuanto mejor sea más tiempo de vida tendrá la herramienta.

- Almacenaje: un almacenaje inadecuado puede provocar un deterioro prematuro de las herramientas. Por ejemplo, almacenajes en lugares muy húmedos o con altas temperaturas son muy perjudiciales.

    Para aclarar de la mejor forma posible las recomendaciones para la conservación eficaz de los útiles de limpieza, los vamos a clasificar en no eléctricos y eléctricos.

a) **Útiles de limpieza más comunes**

    Como hemos comentado anteriormente, los más usuales en la limpieza de mobiliario son las bayetas, estropajos, plumeros, cepillos y pulverizadores.

    Las **bayetas y estropajos** se pueden lavar en la lavadora, independientemente del tipo de tejido con el que estén fabricados. Es importante no utilizar agua caliente, ya que puede deteriorar los tejidos.

    Posteriormente serán puestos a secar. No se recomienda que se guarden hasta que no estén totalmente secos, ya que de lo contrario podrían oler a humedad o incluso podrían aparecer hongos.

    Los **plumeros artificiales** se limpiarán con agua y limpiador neutro, poniéndolos a secar al aire sin contacto con ninguna superficie para evitar que adquieran formas extrañas.

Con respecto a los **plumeros naturales,** se debe sacudir el plumero para eliminar el polvo que tenga adherido. Si se desea realizar una limpieza más a fondo, se utilizarán agua tibia y jabón neutro muy suave. Se debe sumergir en el agua y girar hasta que quede limpio para acabar eliminando los restos de jabón. Se eliminará el exceso de agua con cuidado de no arrancar las plumas. El secado debe ser al aire sin que las plumas estén en contacto con ninguna superficie. Debe guardarse en un lugar seco.

Los **cepillos** pueden lavarse con agua y jabón y dejarlos secar al aire antes de guardarlos.

## b) Maquinaria de limpieza

El uso de maquinaria de limpieza implica el mantenimiento en dos momentos distintos: durante el uso y después del uso. En el primer caso, habrá que estar siempre supervisando que el funcionamiento sea el correcto para, en caso contrario, avisar a la empresa de mantenimiento y que pueda revisarla. En el segundo caso, hay que proceder a su limpieza y cuidado de forma profunda una vez terminado su uso.

De forma general, se ofrecen las siguientes indicaciones:

- Limpieza de filtros de aire. En ocasiones, los lugares donde se lleva a cabo la limpieza tienen grandes cantidades de polvo, por lo que es necesaria la limpieza de los filtros para evitar que se obstruyan, provocando así un recalentamiento del motor que podría estropearlo.

- Los cables de corriente: deben ser revisados antes y después de cada uso, evitando golpes y pisadas.

- Exteriores de la maquinaria: debe ser limpiada cada vez que se termine de usar. Sobre todo las que utilizan detergente, suelen acumular restos del mismo que pueden obstruir los mecanismos.

- Revisión de depósitos de agua: antes de comenzar a utilizar cualquier maquinaria que necesite agua, es necesario verificar que el depósito está lleno, ya que el motor puede estropearse si le falta agua.

- Baterías: algunos de los electrodomésticos destinados a la limpieza funcionan con batería. Es imprescindible garantizar una correcta recarga para tenerlas siempre disponibles. Los electrodomésticos deben ser cargados en un lugar alejado del paso de personas para evitar accidentes.

**EN ESTE CAPÍTULO HEMOS APRENDIDO A:**

- Que el mobiliario interior y exterior tienen distintas técnicas de limpieza.

- Actuar de forma correcta en el caso en el que tengamos que realizar nuestra labor cuando hay personas en el lugar de trabajo.

- La importancia de rellenar una hoja de registro de las labores que se llevan a cabo.

- Elegir convenientemente el útil que necesitemos en función de la superficie del mueble que se va a limpiar.

- Que existen distintos tipos de bayetas y para qué superficie está indicado cada tipo.

- Que los útiles más usuales son las bayetas, los estropajos, los plumeros, los cepillos y los pulverizadores.

- Que existe una serie de maquinaria indicada para la limpieza de superficies textiles, tales como alfombras o mobiliario con tapizado textil, y que se pueden dividir en las que están indicadas para residuos de polvo y las que están recomendadas en el uso sobre manchas.

- Que las que están indicadas en residuos de polvo son: aspiradoras con o sin bolsa, verticales, de mano; cepilladoras y robot.

- Las recomendadas en el uso sobre manchas son: máquina de champuneado, lavamoquetas de espumas seca y lavamoquetas de inyección y extracción.

- La importancia que tiene un correcto mantenimiento y limpiado de los útiles de limpieza, ya sean electrodomésticos o no, para prolongar la vida útil de los mismos.

## ACTIVIDADES

EJERCICIOS DE REPASO Y AUTOEVALUACIÓN

2.1. ¿Por qué es importante la limpieza del mobiliario en los edificios y locales?

   a) Porque el polvo puede provocar alergias.

   b) Porque causa una buena impresión en trabajadores y clientes.

   c) Porque los muebles duran más tiempo.

   d) Todas las respuestas anteriores son correctas.

2.2. ¿Cuál de las siguientes opciones describe mejor las características de las bayetas de microfibra?

   a) Son fabricadas con algodón y tienen gran capacidad de absorción de líquidos.

   b) Son tejidas con hilos de poliéster, tienen gran resistencia y no dejan pelusas.

   c) Se utilizan en superficies de madera sin necesidad de humedad.

   d) Son de un material plástico que ayuda en el secado de superficies, pero no son muy absorbentes.

2.3. ¿Cuál es el tipo de estropajo que no debe ser utilizado para la limpieza de mobiliario debido a que puede rayar las superficies?

   a) Estropajo verde.

   b) Estropajo negro.

   c) Estropajo de esparto.

   d) Estropajo azul.

2.4. ¿Por qué no se debe utilizar un plumero con productos de limpieza?

   a) Porque su efectividad se debe a la carga estática que poseen.

   b) Porque pueden rayar las superficies delicadas.

   c) Porque no tienen la capacidad de eliminar el polvo de las superficies.

   d) Porque pueden dejar manchas en el mobiliario.

2.5. ¿Cómo se deben limpiar los muebles de exterior?

2.6. Los equipos informáticos deben limpiarse con cualquier producto de limpieza.

Verdadero / Falso

2.7. Explica el procedimiento recomendado para limpiar mobiliario con recubrimiento textil.

2.8. Para limpiar un despacho ocupado por una persona, primero se debe _____ si desea que se le limpie la mesa.

2.9. ¿Qué recomendación es adecuada para prolongar la vida útil de un cepillo para limpiar tapicerías?

a) Lavar el cepillo con agua caliente después de cada uso.

b) Guardar el cepillo en un lugar muy húmedo para evitar la descomposición de las cerdas.

c) Limpiar el cepillo con agua y jabón, y secarlo al aire antes de guardarlo.

d) Utilizar el cepillo solo una vez a la semana.

2.10. Responde brevemente a la siguiente pregunta: ¿Por qué es importante utilizar un aspirador de mano en zonas pequeñas o de difícil acceso?

# 3. Técnicas de limpieza y desinfección de aseos

# Contenido

# En este capítulo vamos a aprender a:

- Conocer las técnicas básicas de limpieza y desinfección de aseos.

- Distinguir los distintos componentes que forman parte de un aseo.

- Identificar y diferenciar las distintas técnicas en función de si lo que vamos a higienizar sea un bidé, ducha, baño u otro elemento presente en los aseos.

- Conocer los consumibles utilizados en los aseos y la importancia que tiene la reposición de los mismos.

- Elegir convenientemente los productos destinados a la limpieza de un aseo.

- Saber qué cuestiones tengo que evaluar para verificar que la limpieza del aseo está realizada convenientemente.

Para realizar la limpieza de un aseo es necesario aplicar técnicas de higiene y técnicas de desinfección. La combinación de estos dos sistemas logrará que consigamos una higiene adecuada.

En los aseos se dan varias circunstancias que los convierten en zona de riesgo para la salud de la personas, con la presencia de sustancias portadoras de gérmenes (heces, orina…), y, por consiguiente, un foco de infección. Por otra parte, la presencia de humedad provocada por el agua, facilita la proliferación de hongos.

Por todo ello, los aseos son unas zonas de especial atención en la limpieza y desinfección.

## 3.1. Aparatos sanitarios y complementos de un aseo

Para conocer mejor cuáles van a ser los elementos objeto de nuestro trabajo en los aseos, se van a nombrar los más usuales:

- Bañera o ducha: están fabricadas en material porcelánico. Este material tiene una superficie no porosa, por lo que facilita la higiene. Aun así, la cal que incorpora el agua se puede depositar en la superficie y facilitar la proliferación de gérmenes y bacterias. Es una zona donde se genera gran cantidad de humedad.

- Bidé, inodoro, urinario y lavabo. También fabricados con material porcelánico.

- La mampara: se utiliza para evitar que el agua salga de la zona de aseo. Las podemos encontrar fabricadas en vidrio, plástico o aluminio.

- Paredes: por lo general las encontraremos recubiertas de azulejo desde el suelo hasta el techo. De esta forma se protege la pared de la humedad generada en los aseos. Suelen ser de gres, mármol, etc.

- La grifería: fabricada en material cromado. Pueden acumular gran cantidad de cal, sobre todo, en los grifos de agua caliente, ya que la temperatura facilita la adherencia.

## 3.2. Técnicas de desinfección de inodoros, baños, duchas y bidés

La desinfección de los aseos implica el uso de productos y técnicas que faciliten la eliminación de gérmenes prejudiciales para el organismo de las personas.

Aunque los sanitarios están fabricados con porcelana, que es un material no poroso y que no permite la proliferación de gérmenes, hay que tener en cuenta que el agua posee gran cantidad de cal que se va depositando sobre la superficie de los inodoros. Estos restos de cal crean una nueva superficie porosa que se convierte en un hábitat para estos gérmenes y bacterias.

Para realizar convenientemente la desinfección de los aseos, es necesario llevar a cabo la descalcificación de los sanitarios. Esto se puede hacer con un producto antical; a continuación, y evitando la mezcla de productos químicos, se puede añadir algún producto desinfectante como puede ser la lejía o bien algún detergente clorado. De esta forma, se consigue la desinfección y limpieza adecuada.

Vamos a ver las técnicas de limpieza de los distintos elementos que tienen presencia en un aseo:

Inodoro:

- Se debe aplicar una solución desinfectante en el interior y frotarlo con una escobilla. Dejarlo que actúe.

- Con el detergente clorado y un paño húmedo, continuar con la limpieza de las superficies y la tapadera.

- Para finalizar, se pasa un paño seco por el inodoro. Es importante que los paños utilizados en el baño sean de uso exclusivo de esta zona de las viviendas. Frotar el interior del inodoro.

- Cada semana se debe utilizar un producto antical para eliminar los restos de calcáreos.

Bañera y ducha:

- Enjuagar la bañera o ducha para quitar los restos de pelos.
- Aplicar solución desinfectante y dejarlo actuar. A continuación, frotar con bayeta o estropajo suave. Igualmente se realizará sobre las mamparas. Se insistirá en los perfiles de las mamparas y las esquinas, que son las zonas en las que más fácilmente se reproducen los hongos.
- Enjuagar con abundante agua.
- Pasar un paño seco por las superficies.
- Utilizar un producto antical semanalmente.

Bidé:

- Enjuagar el bidé para quitar los restos de pelos.
- Aplicar solución desinfectante y dejarlo actuar. A continuación frotar con bayeta o estropajo suave.
- Enjuagar con abundante agua.
- Pasar un paño seco por las superficies.
- Utilizar un producto antical semanalmente.

Se recomienda que el proceso que hay que seguir sea el siguiente:

1.º Vaciar las papeleras.

2.º Proceder al barrido de restos sólidos y al recogido de los mismos.

3.º Se rocían los urinarios, váteres, lavabos y bidés con el producto elegido. Se recomienda que sea un producto desinfectante, dejándolo actuar durante varios minutos.

4.º Tratar la bañera o ducha con producto antical y dejar actuar.

5.º Proceder a la limpieza de la grifería.

6.º Aclarar los anteriores con agua y secar.

7.º Proceder a la limpieza de los espejos.

8.º No hay que olvidar que los dispensadores de papel y jabón, y los portarrollos, también deben ser limpiados.

9.º Reponer el papel higiénico, el papel secamanos y el jabón.

10.º Fregar el suelo.

### 3.3. Limpieza de azulejos, espejos y otros materiales

Los azulejos de los baños suelen estar fabricados en gres. Este material es bastante resistente a los productos químicos en general, aunque no tolera los productos abrasivos.

La **limpieza de los azulejos** debe iniciarse por las zonas más altas del baño para continuar bajando hacia las zonas menos elevadas. Se pulverizarán con un detergente clorado para eliminar los posibles gérmenes. Si los azulejos están en la zona de la bañera o ducha, se deberán también tratar con producto antical, ya que la gran exposición a la humedad puede provocar la proliferación de hongos.

Se puede utilizar un estropajo, si hay mucha adherencia de cal, o una bayeta. A continuación, se pasará un paño seco para eliminar los restos de producto y agua.

**Los espejos** se limpiarán con una bayeta y un producto limpiacristales. Será necesario hacerlo cuando no haya en el baño vapor de agua, para lo que será necesario airear el baño antes.

Para la limpieza de **los muebles de baño** se tendrá en cuenta que no se utilice el agua en exceso y se procederá como ya se ha indicado en los apartados anteriores.

La **limpieza de suelos** se realiza básicamente con un barrido para eliminar el polvo, pelos y residuos, y un fregado. El barrido debe hacerse antes de que se limpien los sanitarios, ya que si cae agua al suelo será muy complicado. El fregado se llevará a cabo al finalizar la limpieza del baño y se utilizará un producto desinfectante similar al empleado en los sanitarios, siempre y cuando el material del pavimento lo admita.

La **limpieza de las mamparas** implica una doble problemática: la limpieza de los marcos y de los cristales o plásticos. El cristal suele ser un material del que es difícil eliminar la cal. Existen en el mercado productos que repelen la adherencia del agua, y, por consiguiente, la cal en los cristales, y que facilitan la posterior limpieza.

### 3.4. Material consumible: identificación y reposición

En los aseos existe una serie de materiales consumibles de cuya reposición se encarga el personal de limpieza. Los más usuales son: papel higiénico, papel secamanos y gel de manos.

En la mayoría de los casos, nos encontraremos con que estos consumibles estarán dispuestos en dosificadores o dispositivos que facilitan su uso. En ocasiones, estos dispositivos están provistos de medidas de seguridad que aseguran que nadie pueda abrirlos, por lo que será necesario asegurarse de que se dispone de la llave que nos permitirá abrirlos y poder reponerlos.

El **papel higiénico** se ha convertido en un producto imprescindible. Por ello, tendremos que revisar la cantidad de papel higiénico que hay en los baños. Los portarrollos pueden ser de distintas formas y con diferente cabida, pero los más utilizados son los siguientes:

- Portarrollos para papel higiénico industrial: son unos rollos de papel higiénico de gran tamaño y para un gran número de usos.

- Portarrollos **múltiple**: están preparados para acoger tres o más rollos dispuestos uno encima de otro. Conforme se van acabando, los que están encima van cayendo gracias a la gravedad y quedan preparados para su uso.

- Portarrollos para papel precortado: el papel está cortado a un tamaño que se estima suficiente para la limpieza. Por una ranura sobresale una parte del papel precortado y cuando se tira de él, gracias a la ligera unión entre los trozos, el siguiente sobresale un poco, permitiendo así que sea utilizado por otra persona.

El **gel de manos** es muy importante para procurar la higiene de las personas que lo necesiten. Hay que reponerlo cuando se gaste. Los tipos más utilizados son:

- Gel de manos líquido: es el tipo de gel más común. El dosificador dispone de un pulsador que libera la cantidad necesaria para un uso.

- Gel de manos en espuma: la espuma facilita la limpieza y el enjuague, necesitando una cantidad menor de agua y de gel.

- Gel hidroalcohólico: es un limpiador para manos que contiene alcohol y que facilita la eliminación de bacterias. No necesita aclarado.

El papel secamanos se utiliza para el secado de las manos posterior al lavado. Es importante, al igual que los anteriores, que siempre haya papel secamanos a disposición de quien lo necesite.

### 3.5. Productos específicos en las tareas de limpieza de un aseo

Para las tareas de limpieza de aseos se recomienda el uso de los siguientes productos:

> **SABÍAS QUE…**
>
> El nombre de «inodoro» viene de que es el primer aparato sanitario que tuvo un sifón para evitar la salida de olores. Antes de la aparición de este sistema, evidentemente, era maloliente, y se encerraba en un local pequeño, exclusivo para ese uso, que tenía el nombre de retrete (que viene de *retirete*, «retiro pequeño»).

Antical: es un producto concebido para eliminar la cal de manera fácil y rápida, su uso está indicado en duchas, bañeras y mamparas. Muchos de ellos incorporan un efecto que repele el agua y protege de la cal durante más tiempo. Para que su uso sea efectivo es necesario pulverizar sobre la superficie que hay que limpiar, dejar actuar y aclararlo con agua. Es necesario que se compruebe que las superficies sobre las que va a ser utilizado son compatibles con este producto, ya que de lo contrario se puede deteriorar el material.

Desinfectantes: se utilizan para eliminar cualquier tipo de gérmenes que puedan tener presencia en los aseos. El más usado es el cloro.

Limpiador de WC: posee un componente desincrustante destinado a la eliminación de la cal incrustada que se acumula en el interior de los inodoros.

Limpiacristales: se utilizará en la limpieza de los espejos situados en los aseos.

Friegasuelos: existen friegasuelos destinados a la desinfección de distintos gérmenes. Se deberá utilizar el que sea idóneo para el tipo de gérmenes que podamos encontrar en función de la actividad que se realice en el centro de trabajo.

### 3.6. Técnicas de verificación del trabajo realizado

Como cualquier otro trabajo, el que desempeña el personal de limpieza también debe ser verificado. La higienización de los aseos debe ser un objetivo importante y se debe comprobar que se ha llevado a cabo correctamente. Utilizando técnicas de verificación adecuadas, se conseguirá mantener un estado de higiene óptimo.

Se puede realizar de varias formas:

- **Utilización de un registro de actuaciones:** como se ha comentado anteriormente, es cada vez más habitual que se realice un registro de la actuaciones en materia de limpieza que se han realizado, recogiendo datos como la persona que lo ha realizado, la hora en que se ha limpiado, etc.

- **Verificación visual:** habrá que revisar si han quedado restos de mancha o suciedad, polvo o cal, pelos, hongos, etc. Las manchas negras en las esquinas o juntas de azulejos indican la existencia de hongos causados por la humedad, que deben ser eliminados.

- **Verificación olfativa:** el mal olor en el ambiente indica que la desinfección no está realizada de forma correcta.

## EN ESTE CAPÍTULO HEMOS APRENDIDO A:

- Que los sanitarios y complementos de los aseos más usuales son los siguientes: urinarios, váteres, bidés, bañeras, duchas, lavabos, espejos, muebles de baño, azulejos, etc.

- Que es muy importante aplicar una desinfección adecuada en los aseos para eliminar los gérmenes.

- La secuencia más idónea para llevar a cabo la limpieza de forma correcta.

- Identificar que los materiales consumibles que deben ser repuestos por el personal de limpieza son el papel higiénico, el papel secamanos y el gel.

- Que los productos de limpieza recomendados para la limpieza de los aseos son los desinfectantes, limpiacristales, friegasuelos y limpiadores de WC.

- La importancia que tiene una correcta verificación a través de la vista, olfato y la hoja de registro.

# ACTIVIDADES

3.1. ¿Cuál es la razón principal por la que los aseos deben ser zonas de especial atención en la limpieza y desinfección?

a) Por la presencia de humedad que facilita la proliferación de hongos.

b) Porque se utilizan productos químicos fuertes.

c) Debido a la acumulación de polvo y suciedad.

d) Porque se usan materiales costosos en su construcción.

3.2. ¿Qué producto se recomienda para desinfectar inodoros y otros sanitarios, después de usar un producto antical?

a) Jabón líquido.

b) Lejía o detergente clorado.

c) Limpiador en seco.

d) Desengrasante industrial.

3.3. Para evitar la proliferación de hongos, ¿qué zonas deben recibir especial atención durante la limpieza de la bañera o ducha?

a) La mampara, especialmente los perfiles y las esquinas.

b) Solo el interior de la bañera.

c) El grifo y la grifería.

d) Los azulejos del techo.

3.4. ¿Cuál es el primer paso que se debe realizar al limpiar un aseo, según el proceso recomendado?

a) Limpiar los espejos.

b) Barrer los restos sólidos y recogerlos.

c) Fregar el suelo.

d) Desinfectar el bidé y el inodoro.

3.5. En relación con los productos de limpieza específicos, ¿qué producto se utiliza para eliminar la cal incrustada en los inodoros?

a) Limpiador de WC.

b) Limpiacristales.

c) Desinfectante general.

d) Friegasuelos.

**3.6.** ¿Cuál es la recomendación para limpiar los azulejos en un aseo?

a) Comenzar limpiando las zonas más bajas y terminar en las altas.

b) Limpiar primero los espejos y luego los azulejos.

c) Limpiar de arriba abajo, usando un detergente clorado.

d) Limpiar solo las esquinas de los azulejos.

**3.7.** ¿Por qué es importante no mezclar productos químicos durante la limpieza de aseos?

a) Porque puede disminuir la efectividad de los productos.

b) Porque algunos productos pueden generar gases tóxicos o reacciones peligrosas.

c) Porque no afectaría la limpieza.

d) Porque se gasta más producto del necesario.

**3.8.** ¿Qué acción debe tomarse cuando se nota mal olor en el aseo después de limpiarlo?

a) Desinfectar una vez más el suelo.

b) Revisar si la desinfección no se realizó correctamente y repetir el proceso.

c) Abandonar la zona y no volver a limpiarla.

d) Dejar la ventana abierta por varias horas.

**3.9.** ¿Qué tipo de material es más comúnmente utilizado en la fabricación de inodoros, bidés y lavabos?

a) Acero inoxidable.

b) Cerámica o porcelana.

c) Madera.

d) Vidrio.

**3.10.** ¿Qué producto se debe usar para evitar la acumulación de cal en las superficies de duchas, bañeras y mamparas?

a) Limpiador de cristales.

b) Producto antical.

c) Desinfectante con alcohol.

d) Detergente común.

# 4. Procesos de gestión y tratamiento de residuos en la limpieza de mobiliario

# Contenido

# En este capítulo vamos a aprender a:

- Identificar los distintos tipos de residuos que se pueden dar durante la limpieza del mobiliario.

- Los procedimientos existentes para el tratamiento de los mismos.

- Conocer los procesos de separación y manipulación de los residuos que se generan.

- Estar al tanto de las recomendaciones existentes para el tratamiento de los residuos y la forma de actuar en caso de toxicidad.

Como en todas las actividades de limpieza, en la que se refiere a la limpieza de mobiliario también se genera una serie de residuos que deben ser gestionados y tratados de manera correcta.

Es importante conocer con exactitud a qué se dedica la empresa o local en el que se desarrolla nuestro trabajo, para así poder tener una idea de qué tipo de residuos podemos encontrarnos. Será ese el momento en el que se deba realizar un plan de recogida de residuo que sea adecuado.

## 4.1. Tipos de residuos generados

Para comenzar, y antes de entrar a conocer los tipos de residuos que nos vamos a encontrar, es necesario saber que los residuos se dividen en grupos según dos criterios: su composición y su origen.

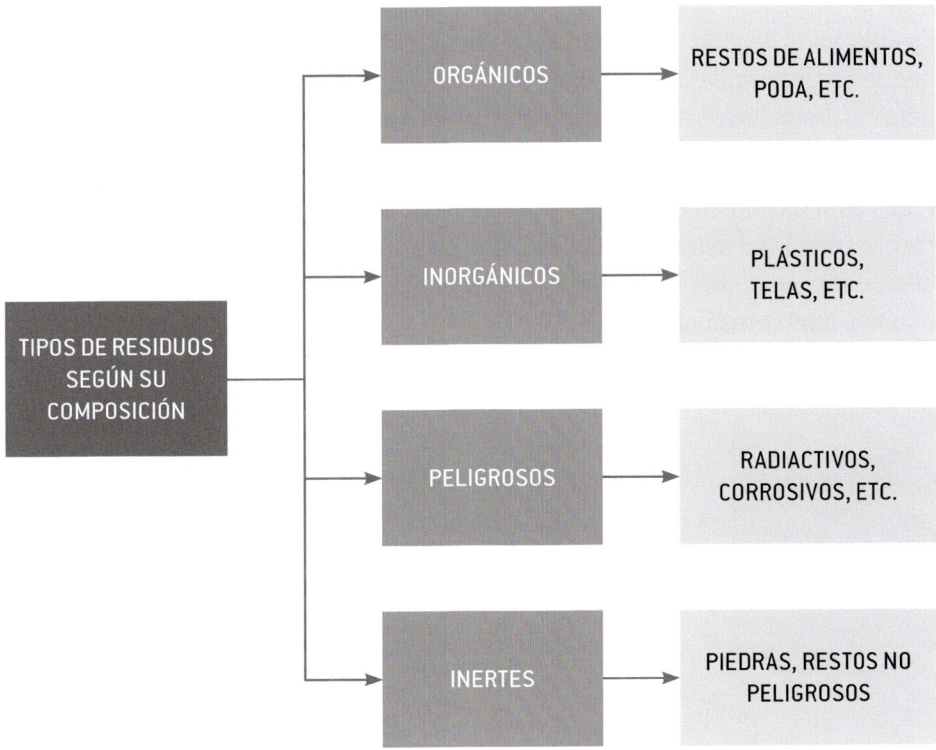

La limpieza de los edificios y locales implica la recogida de los residuos que se encuentran en ellos. Por ejemplo, la recogida del polvo a través del barrido húmedo o a través del uso de lavamoquetas, la recogida de papeleras, la aspiración de mobiliario textil, etc. son actividades en las que se lleva a cabo la recogida de residuos.

Una vez recogidos, se situarán en bolsas que posteriormente desecharemos.

Los residuos que podemos encontrar en la limpieza del mobiliario de edificios y locales van a depender de la actividad que en esa empresa se lleve a cabo. Por lo general, los más usuales serán papel y cartón, botellas de plástico, material de oficina y restos orgánicos que podamos encontrar en las papeleras. El polvo que está depositado sobre las superficies está considerado también como residuo. Si utilizamos una aspiradora para su recogido quedará acumulado en la bolsa de la aspiradora o en el recipiente de agua si nos referimos a un aspirador de agua.

En la limpieza de los aseos, los residuos más habituales serán los restos de papel higiénico, papel secamanos, compresas y tampones que encontraremos en las papeleras. Es también posible que pueda existir algún tipo de residuo orgánico como restos de comida o similares.

## 4.2. Tratamiento de los residuos

Es obligación de todas las personas colaborar con el medio ambiente a través de pequeñas actuaciones durante nuestro día a día. Una manera de hacer efectiva esta colaboración es llevar a cabo un correcto tratamiento de los residuos antes mencionados.

Para llevar a cabo un posterior tratamiento de los residuos, es necesario que se recojan de forma selectiva, es decir, que se agrupen por tipos de residuos. Para ello existen distintos contenedores diferenciados por colores que están desti-nados a diferentes usos:

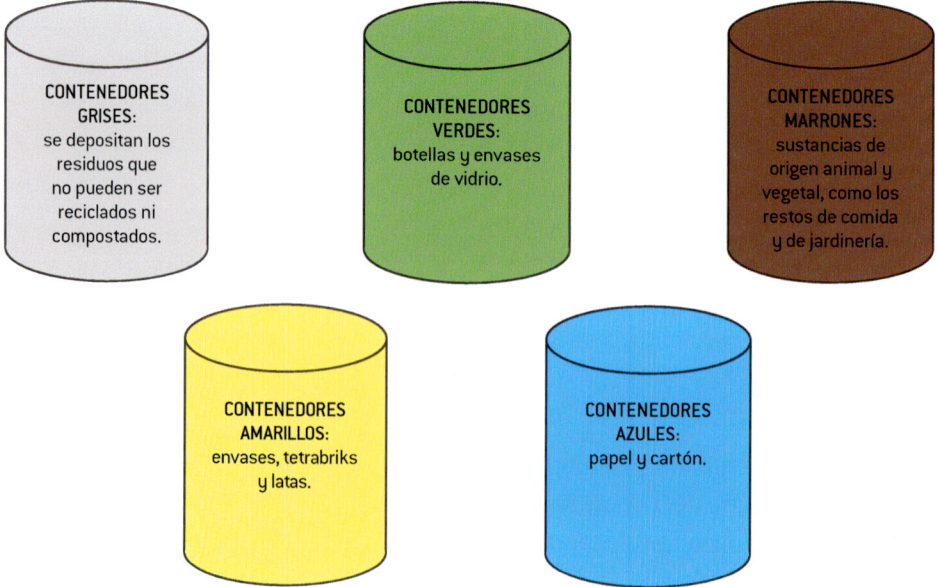

CONTENEDORES GRISES: se depositan los residuos que no pueden ser reciclados ni compostados.

CONTENEDORES VERDES: botellas y envases de vidrio.

CONTENEDORES MARRONES: sustancias de origen animal y vegetal, como los restos de comida y de jardinería.

CONTENEDORES AMARILLOS: envases, tetrabriks y latas.

CONTENEDORES AZULES: papel y cartón.

Algunos de los tratamientos que pueden recibir los residuos orgánicos son los siguientes:

- La biometanización: los residuos se depositan en cámaras, sobre sustratos orgánicos, y donde la cantidad de oxígeno es muy pobre. Con este procedimiento se obtiene un porcentaje muy alto de metano que puede utilizarse posteriormente como combustible.

- El compostaje: se obtiene de las podas de jardines y de algunos residuos domésticos. Estos residuos se compactan y pasan por el proceso de descomposición orgánica obteniendo así una materia fertilizante.

El tratamiento que reciben los **plásticos** puede ser de dos tipos:

- El reciclado, a través del cual surgen otros plásticos.
- La valorización, que lo convierte en combustible para crear fuentes de energías.

**El vidrio** es muy fácilmente reciclable, se recupera casi el 100 %.

El tratamiento del **papel y cartón** se resume en el siguiente proceso: en las plantas de reciclaje se comprimen y se convierte en balas. Posteriormente, se ponen en remojo y se secan, se planchan y se enrollan en bobinas. Son estas bobinas las que se utilizan para hacer nuevas cajas, papel de embalaje, papel higiénico, etc.

## 4.3. Separación y manipulación de residuos

En este apartado recorreremos el itinerario que realizan los residuos desde que se generan hasta que se desechan.

**Separación:**

El proceso de separación de los residuos se puede dar en dos momentos diferentes:

- En el origen del residuo.
  - Los residuos agrícolas, sanitarios, industriales, mineros, etc. se separarán de los residuos asimilables a los urbanos, ya que se desecharán de forma distinta.

— En caso de residuos asimilables a los urbanos (papel, cartón, envases, etc.) se deberán separar por clases para favorecer el reciclaje. Se dispondrán en los distintos contenedores concebidos para este fin.

- Una vez que han sido recogidos, en las plantas de tratamiento de residuos vuelven a pasar por un proceso de separación necesario, ya que en ocasiones la separación realizada en el origen no siempre es adecuada.

**Manipulación:**

La manipulación de los residuos se refiere a la gestión de los mismos. Incluiría el proceso comprendido entre la generación del residuo hasta el almacenamiento de los mismos. Por tanto, la manipulación será necesaria durante todo el camino que recorre el residuo y que se puede resumir en:

- Manipulación en el origen. Se refiere a la organización o entidad, ya sea doméstica o industrial, cuya acción ocasione que un material se convierta en residuo.

- Transporte. Es el desplazamiento de los residuos desde el origen a los lugares donde posteriormente se van a tratar o eliminar.

- Tratamiento. En este proceso se incluye la aplicación de las técnicas dirigidas al reciclaje, reutilización y valorización.

El proceso de manipulación de residuos conlleva una serie de riesgos asociados para el medio ambiente y para la salud de las personas. Entre los más importantes nos encontramos con los siguientes:

- Enfermedades provocadas por una inadecuada manipulación de los residuos.

- Contaminación de aguas y suelos. En los casos en los que los residuos no se dispongan de forma adecuada, pueden provocar la contaminación de aguas superficiales y subterráneas, así como de los suelos.

- Contaminación atmosférica, en la que incluimos el ruido, el olor y los gases que se desprenden de la descomposición durante el proceso de manipulación.

En la parte contraria, la manipulación de los residuos permite el reciclaje, la reutilización y la valorización, aspectos que se deben tomar como positivos por las grandes ventajas que conllevan tanto para el medio ambiente como para la salud de las personas.

## 4.4. Transporte de residuos

Cuando hablamos de transporte de residuos nos podemos referir a dos momentos distintos: el que se realiza dentro del centro de trabajo y el que lleva a cabo fuera del edificio o local.

Cuando nos referimos al transporte interior, los responsables del mismo son los empleados de limpieza que han recogido el residuo en cuestión. Deben llevar los a los puntos acordados para su posterior recogida por una empresa externa que los transportará hasta las plantas de reciclado o vertederos, en función del uso que se les vaya a dar a los residuos.

La empresa que se encarga del transporte de residuos debe estar dada de alta como empresa gestora de residuos.

En función de la actividad que desempeñe la empresa en la que trabajemos, deberá tener elaborado un plan para reciclar que esté autorizado por la autoridad competente con un certificado de reciclaje.

## 4.5. Aplicar las normas mínimas de seguridad en el tratamiento de residuos

Las normas de seguridad en cuanto a tratamientos de residuos viene regulada por la Ley 7/2022, de 8 de abril. De forma general, las normas mínimas de seguridad en el tratamiento de residuos se pueden resumir en las siguientes:

- Separar adecuadamente los distintos residuos a la hora de almacenarlos y evitar el contacto entre ellos.

- Envasar y etiquetar los distintos tipos de residuos para su clara identificación.

- Llevar un registro de la producción y salida, y de actuación y seguimiento.

- Avisar a las autoridades competentes en caso de pérdida de algún tipo de residuo.

- Establecer un plan de emergencia en caso de accidente.

- Utilización de equipos de protección para el personal que manipule dichos residuos.

Para una correcta manipulación se aportan las siguientes recomendaciones:

- No llenar las bolsas de basura hasta arriba. Dejar un volumen suficiente para realizar su anudado con facilidad.

- Evitar que las bolsas soporten mucho peso, pueden romperse.

- No pegar las bolsas llenas al cuerpo, pueden contener objetos punzantes.

- Para desplazamientos considerables, utilizar carros o similares para su traslado.

- No dejar bolsas con residuos al alcance de las personas ajenas al servicio.

## 4.6. Normas que hay que seguir ante casos de toxicidad

Como ya hemos comentado anteriormente, en función del lugar de trabajo donde desempeñemos nuestra labor podremos encontrarnos con un tipo de residuo u otro. Por ello, es necesario que conozcamos las normas que hay que seguir si tenemos que manipular algún residuo que implique riesgo de accidente, o que pueda suponer algún perjuicio para la salud de las personas.

- Si la toxicidad está producida por una ingestión, hay que asegurarse de la sustancia que ha tomado el individuo para que cuando se avise al 112 se pueda comunicar y actuar lo antes posible.

- Si se ha inhalado una sustancia tóxica, hay que alejar lo máximo posible de la zona tanto a la víctima como al resto de personas y a nosotros mismos. De la misma forma, si vemos que los efectos no remiten, se avisará a los servicios de urgencias dando toda la información de la que dispongamos.

- Si la toxicidad es cutánea, habrá que evitar el contacto, alejándonos de la zona para evitar así más víctimas. Aunque en estas circunstancias se tiende a echar agua sobre la zona, no siempre es recomendable.

**EN ESTE CAPÍTULO HEMOS APRENDIDO A:**

- Que los residuos se pueden clasificar según su origen y su composición.

- La importancia que tiene para el medio ambiente hacer una recogida selectiva de residuos en los distintos contenedores: amarillos, verdes, azules, grises y marrones.

- Cómo llevar a cabo correctamente la manipulación y separación de los residuos.

- A tomar las medidas oportunas en función de si la toxicidad de los residuos es por inhalación, contacto o ingestión.

- Que las normas de seguridad en cuanto a tratamientos de residuos viene regulada por la Ley 7/2022, de 8 de abril.

# CASO PRÁCTICO

**Caso práctico sobre la gestión de residuos en un edificio de oficinas**

CONTEXTO:

Imagina que trabajas como responsable de limpieza en un edificio de oficinas de cinco plantas. Cada planta tiene oficinas, salas de reuniones y aseos. El edificio también cuenta con un área común de cocina donde los empleados suelen dejar residuos alimenticios. Como parte de tus responsabilidades, debes asegurarte de que los residuos sean gestionados correctamente y de acuerdo con las normativas medioambientales.

SITUACIÓN:

En la planta 3, donde están ubicadas varias oficinas, se ha realizado una limpieza profunda, y durante la actividad se han generado diferentes tipos de residuos, como papel, cartón, botellas de plástico, restos orgánicos de comida, y polvo acumulado sobre las superficies de los muebles. Además, en los aseos se han encontrado restos de papel higiénico y papel secamanos. Por otro lado, en la cocina del edificio se han generado residuos orgánicos, como restos de alimentos, así como botellas de plástico y latas vacías.

TAREA:

Como responsable de la limpieza, debes tomar decisiones sobre cómo gestionar y tratar estos residuos de manera correcta. A continuación, se presentan una serie de preguntas sobre cómo actuar ante los diferentes tipos de residuos y los pasos que debes seguir:

4.1. Identificación de residuos:

Al comenzar a recoger los residuos de la planta 3, te encuentras con lo siguiente:

- Papeleras llenas de papel, cartón y botellas de plástico.

- Restos de comida (por ejemplo, cáscaras de frutas, restos de sándwiches).

- Polvo sobre las superficies de los escritorios y muebles.

¿Qué tipo de residuos has encontrado en la planta 3?

### 4.2. Separación de residuos:

Sabes que, para cumplir con las normativas de reciclaje, debes separar los residuos en diferentes tipos antes de depositarlos en los contenedores. ¿Cómo separarías los residuos de la planta 3?

### 4.3. Tratamiento de residuos orgánicos:

En el caso de los restos orgánicos (como los restos de comida), ¿cuál es el tratamiento más adecuado?

### 4.4. Manejo de residuos en los aseos:

Al revisar los aseos del edificio, encuentras papeleras llenas de papel higiénico y papel secamanos, además de algunas toallitas húmedas y compresas. ¿Qué debes hacer con estos residuos?

### 4.5. Transporte de residuos:

Una vez que los residuos han sido correctamente separados en las diferentes bolsas y contenedores, es el momento de transportarlos para su recogida. ¿Cómo debes realizar el transporte de estos residuos?

### 4.6. Planificación del reciclaje en el edificio:

Dado que el edificio tiene una política de reciclaje, debes elaborar un plan para asegurar que los empleados y las personas responsables de la limpieza sigan las normativas. ¿Qué debe incluir este plan?

# 5. Aplicación y seguimiento de medidas de prevención de riesgos laborales en la limpieza de mobiliario

## Contenido

## En este capítulo vamos a aprender a:

- Identificar los riesgos que conlleva la limpieza de mobiliario en edificios y locales.

- Poner en práctica las formas de prevenir los riesgos laborales relacionas con la limpieza de mobiliario y con la ubicación de la actividad de limpieza.

- Identificar y utilizar los equipos de protección.

La actividad de limpieza, como cualquier otra actividad laboral, conlleva una serie de riesgos asociados directamente con las labores que hay que realizar.

Uno de los objetivos para una mayor profesionalización de esta actividad está directamente relacionado con la reducción de los daños que pueden ocasionar la realización de las tareas.

La Ley 31/1995, de 8 de noviembre, es la que recoge las garantías y responsabilidades para establecer un adecuado nivel de protección de los trabajadores frente a los riegos derivados de su desempeño profesional.

## 5.1. Identificación de los riesgos específicos relacionados con la limpieza

En un principio, clasificaremos los riesgos en tres apartados:

- Riesgos que producen daños físicos.

  — Resbalones: producidos sobre el suelo mojado. Para evitar este tipo de riesgos, se recomienda no pisar sobre suelos húmedos o resbaladizos y el uso de un calzado adecuado que sea, a la vez que cómodo, antideslizante.

  — Tropiezos: en ocasiones estos tropiezos son debidos a la colocación de mobiliario o artículos de limpieza en lugares inadecuados o de paso. Es necesarios colocarlos siempre fuera de la zona de trabajo, lo más cercanos posibles a las paredes. También hay que tener en cuenta los cajones y armarios abiertos en las zonas de paso.

  — Caídas a distinto nivel: generalmente suelen ocurrir por el uso inadecuado de las escaleras. Cuando se va a realizar la limpieza de zonas elevadas para las que se requiere su uso, es necesario tener en cuenta que debe estar apoyada correctamente y de forma estable, se debe evitar la colocación de productos en los distintos peldaños y extremar la atención que se presta a esta actividad para evitar pérdidas de equilibrio. Hay que evitar el uso de cualquier otro mueble para subirse.

  — Cortes: generalmente producidos por el uso de objetos punzantes. Es necesario extremar la precaución cuando se usan estos objetos.

  — Caídas de objetos desde distintas alturas: nos referimos a objetos que puedan estar colocados en altura y que, al intentar limpiar la zona, pueden caer sobre nosotros. También puede tratarse de lámparas que no estén colocadas convenientemente, cuadros, espejos, etc., que pueden ser movidos y finalmente descolgados mientras se realiza su limpieza.

— Intoxicación por el uso de distintos productos de limpieza, ya sea por inhalación o ingestión.

— Quemaduras: pueden estar provocadas por el uso de productos abrasivos, para lo que se recomienda que estos productos se utilicen solo cuando sea estrictamente necesario y maximizando las precauciones, evitando dejar los botes abiertos y en lugares de paso. La manipulación de estos productos se hará con guantes protectores.

El contacto directo con fuentes de calor se evitará igualmente, teniendo especial precaución con las colillas que puedan no estar apagadas correctamente, no dejar el fuego encendido, y alejar los aerosoles de fuentes de calor que puedan provocar su inflamación.

— Electrocuciones: se pueden producir por el contacto directo con máquinas eléctricas en mal estado o encendidas. Es necesario evitar la manipulación de máquinas eléctricas cerca de agua, sustituir los cables pelados por otros en buen estado, desenchufar los electrodomésticos desde el enchufe y no desde el cable, desconectar la electricidad cuando se vaya a manipular algún enchufe cortando el diferencial, no sobrecargar los enchufes ni los alargadores.

- Riesgos que producen enfermedades: nos referimos a trastornos musculares y óseos asociados a las actividades repetitivas derivadas de una incorrecta manipulación de las cargas. Como recomendación para evitarlos, se sugieren las siguientes indicaciones:

— Agacharse flexionando las rodillas en lugar de doblar la columna.

— No levantar peso por encima de los hombros.

— A la hora de transportar una carga, hacerlo de forma que se mantenga lo más pegada al cuerpo posible.

— En el caso de arrastrar algún mueble, es mejor empujarlo que tirar de él.

- Riesgos que pueden producir daños de ámbito psicológico: están directamente relacionados con el ambiente de trabajo y con la motivación y el reconocimiento. Es muy importante para evitar estos riesgos, que el trabajo se desarrolle dentro de un ambiente adecuado donde el trabajador se sienta valorado, respetado y que su labor se reconozca, así como que el nivel de estrés se reduzca lo máximo posible.

## 5.2. Riesgos relacionados con la ubicación de la actividad de limpieza

Como en cualquier actividad laboral, no solo las actuaciones en sí son las que aportan el riesgo, sino que la ubicación donde se lleva a cabo influye mucho en la seguridad. En este apartado, comentaremos los riesgos más importantes de la limpieza de mobiliario y aseos.

En cuanto a los riesgos derivados de la limpieza de mobiliario, se pueden concretar en los siguientes:

- Caída de objetos: en las estancias donde se sitúa el mobiliario objeto de nuestra limpieza y en los aseos existe una serie de elementos que, con la propia actividad de limpieza, pueden caerse sobre las personas que se encuentren en la estancia.

- Caída por deslizamientos: cuando se llevan a cabo las labores de limpieza de mobiliario o en los aseos, en las que se utilizan agua o productos químicos, estos se pueden derramar y provocar caídas. Cuando una superficie está recién fregada, es también importante indicarlo.

- Caída en alturas: en la limpieza de mobiliario y aseos es necesario el uso de escaleras para poder llegar a las zonas más altas de las estancias. El uso de las mismas conlleva riesgo de caídas a distinto nivel que son muy peligrosas, tanto por la caída desde una altura considerable como por la posibilidad de golpearse con otros muebles o sanitarios cuyos efectos pueden ser muy perjudiciales.

- Riesgo de electrocución: el riesgo aparece cuando hay tomas de luz y enchufes cerca de agua. Es necesario evitar el contacto de productos eléctricos con el agua, ya que los accidentes de este tipo pueden tener un desenlace fatal.

- Exposición a los productos químicos: a lo largo de este capítulo ya hemos hablado de ello. Es necesario extremar las precauciones en el uso de los mismos.

## 5.3. Uso de los equipos previa identificación de los mismos

Es importante que el uso de los equipos de trabajo sea el adecuado. Los útiles de limpieza que no son eléctricos no necesitan la supervisión que requiere la maquinaria que sí lo es.

Se recomienda que, ante la ausencia de conocimientos específicos sobre el mantenimiento y supervisión, se recurra al manual de instrucciones de cada máquina.

Como recomendaciones generales, se indican las siguientes:

- Comprobar que el cableado está en óptimas condiciones verificando que no existen cortes ni aplastamientos en los mismos.

- En caso de máquinas que utilicen agua, comprobar que el depósito está lleno, ya que de lo contrario podría averiarse el motor.

- Cuando utilicemos una máquina con batería, comprobar que la batería restante es suficiente para la tarea que hay que realizar.

**EN ESTE CAPÍTULO HEMOS APRENDIDO A:**

- Que existen tres tipos de riesgos relacionados con el puesto de trabajo y que son los siguientes:

  — Riesgos que producen daños físicos directos.

  — Riesgos que producen enfermedades relacionadas con el trabajo.

  — Riesgos que producen daños psicológicos.

- Que los riesgos relacionados con la limpieza de mobiliario y aseos son:

  — Riesgos por caídas.

  — Riesgos por deslizamientos.

  — Riesgo por caídas en altura.

  — Riesgo por exposición a productos químicos.

  — Riesgo de electrocución.

- Que es importante cuando se va a hacer uso de un equipo de trabajo, que se lleve a cabo una revisión de las condiciones del mismo.

# ACTIVIDADES

EJERCICIOS DE REPASO Y AUTOEVALUACIÓN

5.1. ¿En qué ley se recogen las garantías y responsabilidades para establecer un correcto nivel de protección de los trabajadores frente a los riesgos
derivados de su desempeño profesional?

_____

5.2. Enumera los tres tipos de riesgos asociados a la profesión de limpieza.

_____

5.3. Comenta cuáles son las recomendaciones que se pueden seguir para evitar las enfermedades derivadas del desempeño de la labor de limpieza.

_____

_____

_____

5.4. Para evitar las quemaduras provocadas por el uso de productos abrasivos,
utilizaremos:

_____

5.5. Enumera tres precauciones para evitar los accidentes producidos por tra-
bajos en altura.

_____

_____

_____

5.6. ¿Por qué las caídas a distinto nivel son más perjudiciales en el aseo?

_____

_____

_____

5.7. ¿Cuáles son las recomendaciones generales acerca del uso de equipos?

_____

_____

_____

5.8. ¿Qué puede producir una electrocución?

_____

_____

_____

5.9. ¿Por qué causas pueden estar provocados los riesgos psicológicos?

_____

_____

_____

_____

_____

_____

5.10. ¿Para qué sirve la siguiente indicación?

_____

_____

_____

_____

_____

_____

_____